평양 882.6km

평양 882.6km - 평양공화국 너머 사람들

초판1쇄 인쇄	2020년 11월 23일
초판1쇄 발행	2020년 12월 4일
지은이	강동완
출판사	도서출판 너나드리
제작	하늘생각
등록번호	2015-2호(2015.2.16)
주 소	부산시 사하구 다대로 381번길 99 101동 1406호
이메일	simple1@hanmail.net
홈페이지	www.dahana.co.kr
전 화	051-200-8790, 010-4443-6392
책임편집	강동완
디자인	박지영
일러스트	권보미, 박민서
캘리그라피	차고은
교 정	송현정, 김지수

값	35,000 원
ISBN	979-11-965081-8-0

· 이 도서의 국립중앙도서관 출판예정도서목록(CIP)은 서지정보유통지원시스템 홈페이지(http://seoji.nl.go.kr)와 국가자료공동목록시스템(http://www.nl.go.kr/kolisnet)에서 이용하실 수 있습니다. (CIP제어번호 : CIP2020050170)

평양 882.6km

평양공화국 너머 사람들

글·사진 **강동완**

평양으로 향하는 너머 사랑들

> 이 아침 최전선 찾아오신 장군님 뵈옵는 전사의 생각
> **여기서 평양은 천리**인데 그 언제 떠나셨을까
> 말하라 선군길아 흐르는 새벽안개야
> 너만이 알고 있는 장군님 헌신의 그 길을
>
> - 북한노래 <말하라 선군길아> 중에서 -

882.6km

Contents

들어가며	06
1장 창광원 VS. 출장미용서비스	10
2장 평양제1백화점 VS. 장마당	28
3장 대동강수산물식당 VS. 뗏목 위 곽밥	64
4장 려명거리 고층살림집 VS. 궁궐 같은 너와집	96
5장 미래과학자거리 VS. 하모니카 주택	138
6장 문수물놀이장 VS. 페트병 줍기	174
7장 옥류아동병원 VS. 공동우물	194
8장 만경대학생소년궁전 VS. 농촌 지원	212
9장 평양지하전동차 VS. 목탄차	252
10장 평양국제비행장 VS. 감시초소	282
11장 과학기술전당 VS. 자력갱생	310
12장 조국해방전쟁승리기념관 VS. 소년빨치산의 노래	340
13장 평양대극장 VS. 극장국가	366
청봉체	410
나가며	415

들어가기

> **" 여기서 평양은 천리인데 그 언제 떠나셨을까 "**

그동안 <평양 밖 북조선>, <그들만의 평양>이라는 제목으로 두 권의 책을 세상에 내놓았다. 남북정상회담과 평양공동선언으로 온 나라가 평양만을 바라보던 때에 출간된 이 책들은 세상에 환영받지 못한 불청객이었다. 제목에 모두 평양이라는 단어가 들어갔지만 정작 평양을 담은 사진은 한 장도 없었다.

북중국경에서 바라본 북녘의 모습은 평양과는 사뭇 달랐다. 그곳에도 분명 사람이 살았다. 하지만 결코 꿈꿀 수 없는 평양 밖 사람들이었다. 그들의 모진 삶의 무게가 압록강과 두만강 너머 어렴풋이 전해오는 듯했다.

<혁명의 수도 평양>을 허상이 아닌 마치 '사회주의 지상낙원'처럼 묘사하는 현실이 서글펐다. 암울한 독재의 매서운 칼날이 사람들을 옥죄는데도 그저 평화롭다 외치는 위선 앞에 당당히 맞서고 싶었다.

그리하여 이번 세 번째 책 제목 역시 평양이다. 북중국경에서 촬영한 수 천장의 사진을 정리하면서 유독 한 장의 사진에 눈길이 머물렀다. <평양 882.6km>라고 쓴 표지판 앞에 선 군인의 앳된 얼굴... 분명 환하게 웃고 있었지만 가슴을 짓누르는 슬픔이 전해오는 건 왜였을까? 시리고 바스락거리는 마음을 애써 다잡았다. 그리고 그에게 묻고 싶었다. 과연 평양은 어떤 의미인지...

Pyongyang 882.6km

평양공화국이라 해도 과언이 아닐 만큼 북한의 모든 중심은 평양이다. 혹자는 우리도 서울을 중심으로 지방분권을 말하니, 평양 중심이 무어 그리 잘못이냐며 반박할 수도 있겠다.

평양은 도시로서의 중심부를 넘어 체제와 정권의 상징이다. 북한 주민들조차 아무 때 누구나 갈 수 있는 곳이 아니다. 평양은 결코 북한이 아니다. 김정은 시대 평양은 <기념비적 건축물>, <우리식의 멋쟁이 건축물>로 변신중이라며 선전한다. 평양과 미국 맨해튼을 합성한 '평해튼'이라는 신조어가 생겨날 정도다. 하지만 번듯한 외형 뒤에 숨겨진 수많은 사람의 절규는 아랑곳하지 않는다. 파스텔톤 색감의 획일화된 도시풍경은 사회주의 체제의 허상을 그대로 투영한다. 아름다움이 오히려 고통이 되는 분단시대의 모순이 서글플 따름이다.

사진은 결정적 순간의 멈춤이다. 하지만 그들의 마음은 결코 순간의 정지된 삶이 아님은 분명하다. 자유를 소망하는 마음말이다.

세상에 전해야 할 것은 꼭 보게 하시고, 감시자의 눈은 가려 달라고 기도하며 북중국경을 달렸다. 하지만 이제는 허락받지 못한 자의 신분이 되어 더 이상 갈 수 없는 길이 되어 버렸다. 다시 그 길 위에 서게 될 그날에도 여전히 우리는 나누어져 있을까?

살아온 날도, 살아갈 날도 분단된 조국의 하나됨을 위한 오직 한 길에 서리라 다짐해 본다. 그분의 인도하심에 따라 선한 영향력으로 세상에 맞서려 한다. 도도하지만 학자의 양심과 겸손함을 잃지 않으면서.

2020년 12월, 어느날
저 높은 산이 되기보다 여기 오름직한 동산이 되기를 바라며 강동완

모두가 평양을 본다면 누군가는 이곳을 봐야한다

01

창광원

VS

출장미용서비스

위대한 장군님께서는 인민들에게
이 세상에서 제일 좋고 훌륭한 것을 마련해 주어
우리 인민을 보란 듯이 내세워주시려고
늘 마음 써 오시었습니다. (김정은)

머리단장
명령발이 돌던 곳
수령님의 이민위천
백성을 하늘같이 소중히 여김
위생문화편의 종합기지
고귀한 결정체
인민사랑
기념비적 창조물
감옥 안의 감옥

1장 창광원 VS. 출장 미용 서비스

출장미용서비스

창광원 882.6km

"우리 공화국의 수도 평양의 보통강 기슭에 자리 잡고 있는 창광원. 지금으로부터 40년 전인 주체69(1980)년 3월 21일, 로동당시대의 기념비적창조물로 완공된 창광원은 오늘도 현대적이며 대중적인 위생문화편의종합기지로 자랑 떨치고 있다."

"정녕 창광원이야말로 어버이 수령님의 이민위천의 숭고한 뜻을 꽃피우시려 온갖 로고와 심혈을 다 바쳐가신 위대한 장군님의 고결한 충정과 인민사랑이 낳은 고귀한 결정체이다." (조선의 오늘, 2020년 3월 21일)

"고상하고 아름다우면서도 민족적 정서가 넘치는 다양한 머리 형태들로 봉사를 잘해주어 소문난 이 곳으로는 오늘도 많은 사람들이 찾아오고 있다. 오늘도 이 곳 봉사자들은 머리단장 하나에도 사회주의 문명이 비낀다는 자각을 안고 새로운 여러 가지 머리 형태들로 봉사를 잘해나가고 있다." (메아리, 2020년 5월 21일)

출장 미용 서비스 : 여우볕이 들던 날

허름한 창고 뒷마당 한 켠에 미용실이 차려졌습니다. 예쁜 레이스 달린 모자를 쓰고 머리를 손질하는 헤어 디자이너의 모습이 남다르네요. 커트하는 젊은 여성부터 파마하는 할머니, 그리고 손주처럼 보이는 어린아이까지 오늘 손님이 참 많습니다. 동네 아저씨도 흥미로운 듯 먼발치서 구경하느라 시간 가는 줄 모릅니다. 손님이 입은 가운에는 특정 브랜드가 선명히 보입니다. 북쪽에서 오신 분들로부터 이야기로만 전해 들었던, 시골 마을의 이동 미용실을 직접 보니 마음이 더 애잔합니다. 애옥살이* 살림에도 아름다움을 가꾸고픈 마음이지만 창고 뒷마당에 겨우 간이의자 하나 놓았을 뿐입니다. 동네 미용실에서 소담한 수다를 떨며 한가로이 머리를 손질하는 그 조차의 여유도 우리만 누리는 미안한 행복입니다. 여우볕*이 들던 날, 야외 미용실이 문 닫지 않도록, 그저 비가 다시 내리지 않기만을 바랐습니다.

*애옥살이: 가난에 쪼들려 애를 쓰며 고생스럽게 사는 살림살이
*여우볕: 비나 눈이 오는 날 잠깐 비쳤다가 다시 없어지는 볕

1장 창광원 VS. 출장미용서비스

1장 창광원 VS. 출장미용서비스

머리단장

기념비적 창조물

1장 창광원 VS. 출장미용서비스

*이민위천: 백성을 하늘같이 소중히 여김

수령님의 이민위천

1장 창광원 vs. 출장미용서비스

감	옥	안	의	감	옥
:	인	민	사	랑	

높은 담장과 철조망으로 둘러싸인 건물 하나가 눈에 띈다.
압록강 건너 중국 마을 사람들은 이곳을 '여군 감옥'이라 말한다.
실제로 총을 둘러멘 채 경비를 서는 여군의 모습이 보인다.
담벼락 앞 떼기밭을 일구는 여군들의 손길이 분주하다.

밭머리 한 켠에 홀로 앉은 아이의 어미는 저들 가운데 있을까?
감옥에서 살아가는 아이는 도담도담 초록의 꿈을 키울 수 있을까?
본디 감옥은 가두고 얽혀 세상과 격리된 곳인데,
나라 전체가 감옥이니 감옥 안에 또 하나의 감옥이 자리 잡은 셈이다.

사람 키 보다 높은 콘크리트 담장이지만,
그 너머에 노란 해바라기꽃이 하늘을 향한다.
때로는, 아니 어쩌면 매 순간 저 해바라기를 부러워할지도 모르리라.
하늘 향해 마음껏 뻗어가는 그 자유를…

고귀한 결정체

1장 창광원 VS. 출장미용서비스

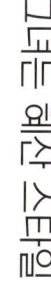

그녀는 혜산 스타일

위생문화편의종합기지

1장 창광원 VS. 출장미용서비스

사회주의 문명

02

평양제1백화점

VS

장마당

태양절을 앞두고 수도의 거리에
또 하나의 멋들어진 **종합봉사기지**,
인민들의 **물질문화 생활**을 질적으로 높이는 데
실질적으로 이바지하게 될
백화점이 일떠선 데 대하여 커다란
만족을 표시하시었다.

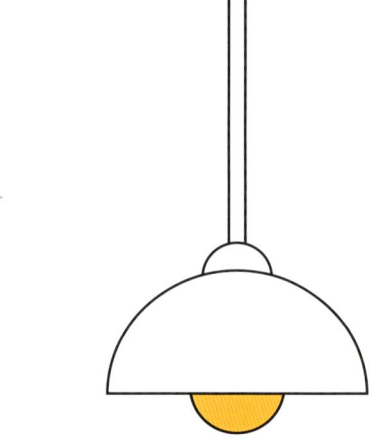

당일배송　　　　상장상점

최첨단 도난방지 장치　　땔감나무

남한비료 포대 한 장　　원목가구 코너

명품 식품관　　　프리미엄 카트

2장 평양제1백화점 VS. 장마당

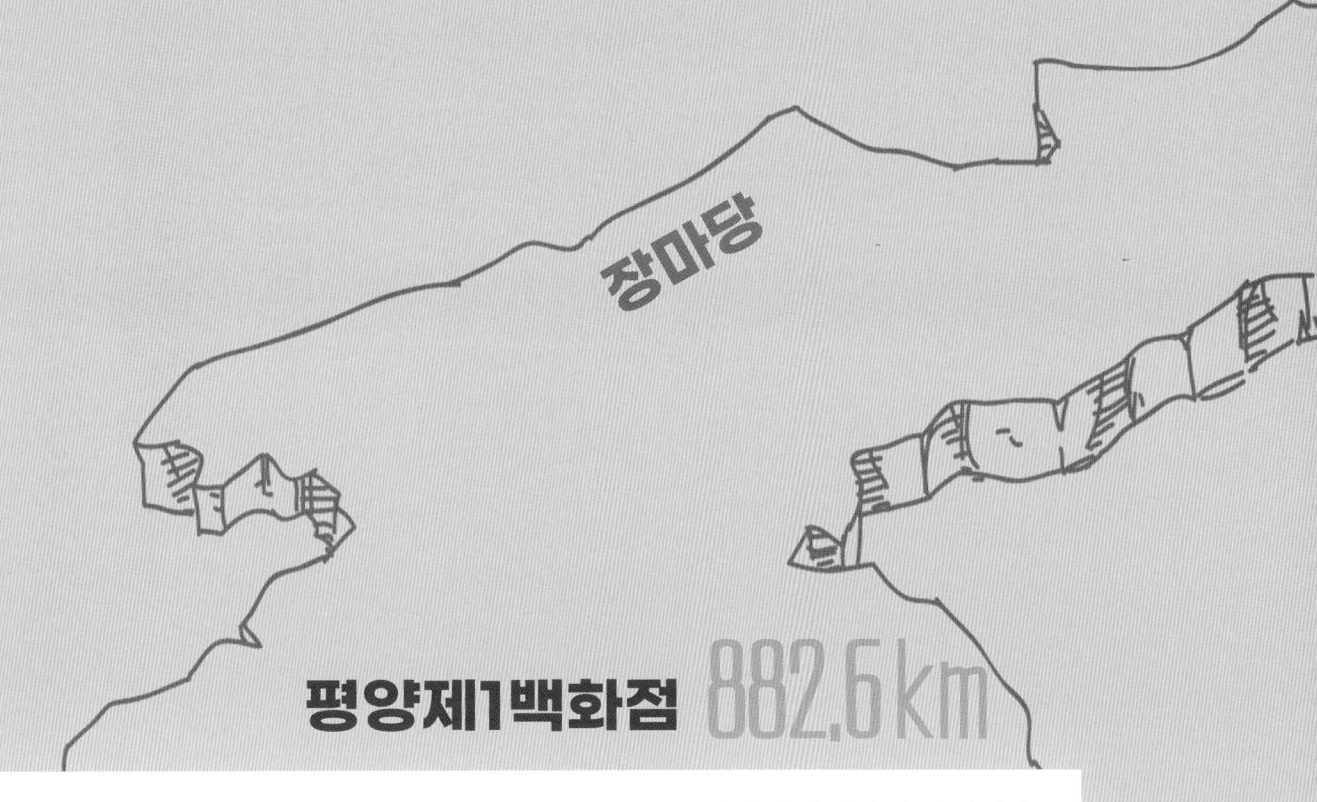

평양제1백화점 882.6km

"제12차 평양 제1백화점 상품 전시회가 12월 3일부터 13일까지 성황리에 진행됐다. 이 전시회에 560여 개 단위가 참가했으며 25,00여 종 176만 6,000여 점에 달하는 상품이 출품됐다." (로동신문 2019.12.18.)

"날로 높아가는 우리 인민들의 지향과 요구를 원만히 충족시킬 수 있게 질 좋은 생활필수품들과 대중소비품들을 충분히 마련하여놓고 팔아주어 인민들의 생활상 편의를 보장하여야 한다"고 강조했다. (조선중앙통신. 2019.4.8.)

"자본주의나라의 백화점에서 매상고는 이윤 추구와 결부된 수치이지만 사회주의조선에서는 인민봉사의 결과를 나타내는 수치"라면서 "국내의 경공업, 식료공업부문의 공장들에서는 '인민의 호평을 받는 제품', '인민에게 보탬을 주는 제품'을 만들어 내기 위해 최선을 다하고 있다."
"조선에서는 생산자와 판매자가 인민생활향상을 공동목표로 삼고 든든한 협조관계를 맺고 있으며, 사회주의상업의 강점이 발휘되어 평양의 백화점이 연일 성황을 이루고 있다." (조선신보 2016.11.2.)

2장 평양제1백화점 VS. 장마당

땔감나무

늙으신 어머니를 홀로 두고 탈북할 수밖에 없었다. 모두가 살기 위해서였다.
남한에서 홀로 맞는 첫 크리스마스이브.
그가 독백처럼 되뇌었던 한마디.
"떠나던 날, 땔감나무라도 많이 쌓아두고 왔어야 했는데…"

상장상점(중강군 상업관리소)

2장 평양제1백화점 VS. 장마당

鈴木商店

2장 평양제1백화점 VS. 장마당

아이의 눈망울 : 남한 비료 포대 한 장

압록강에 몸 담그고 종일 허리 굽혀 일하던 여인이 잠시 강변에 앉아 숨을 고른다. 물 밖에서 홀로였던 아이를 잠깐이라도 안아 보고픈 어미의 마음이 애잔하다. 5월의 햇살 아래 옷가지가 말라가고 어미의 사랑은 눈시럽다. 사진을 찍을 때는 전혀 몰랐다. 편집프로그램으로 확대해서 보니 널린 빨래 더미 사이로 요소비료라 쓴 비닐포대가 보인다. 비닐 한 자락도 쉬이 버리지 못한 채 긴요하게 쓰이는 북녘의 마을. 시리고 가녀린 삶을 이어가는 압록강변의 사람들... 빨갛게 상기된 아이의 두 볼과 애처로운 눈망울이 자꾸만 기억 속에 맴돈다. 분단의 서글픈 잔상이여...

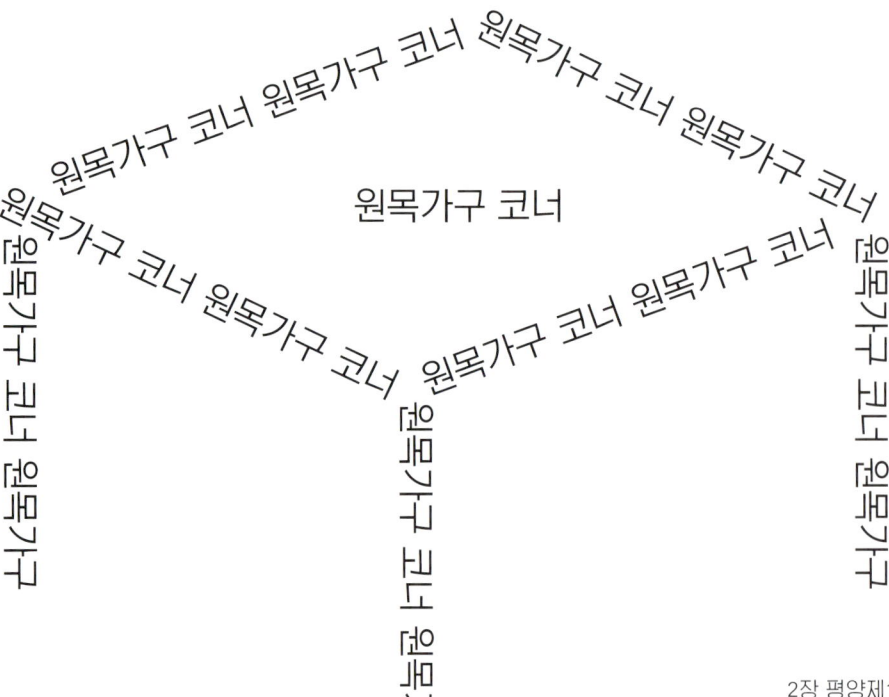

원목가구 코너 원목가구 코너 원목가구 코너 원목가구 코너
원목가구 코너 원목가구 코너 원목가구 코너
원목가구 코너
원목가구 코너 원목가구 코너 원목가구 코너 원목가구 코너
원목가구 코너 원목가구 코너 원목가구 코너 원목가구 코너

2장 평양제1백화점 VS. 장마당

삭주 32km

장마당

2장 평양제1백화점 VS. 장마당

편의 보장

2장 평양제1백화점 VS. 장마당

상품진열

밀차(딸따리): 인민의 호평을 받는 제품

유기농야채코너

키즈클럽

2장 평양제1백화점 VS. 장마당

당일배송

타임머신

Same place, different season
같은장소 다른계절

2장 평양제1백화점 VS. 장마당

크리스티앙 디오르 클러치백(리설주 백)

에비앙

2장 평양제1백화점 VS. 장마당

혜산시 역전백화점: 초호화 주상복합

비밀창고　　　　　　　　　　　　　　　　　　　　　　2장 평양제1백화점 VS. 장마당

광야를 지나며

명품식품관

2장 평양제1백화점 VS. 장마당

아이스크림 소녀
: 까까오 31

프리미엄 카트

2장 평양제1백화점 VS. 장마당

인민봉사: 서비스센터

2장 평양제1백화점 VS. 장마당

나의 삶의 결이

03

대동강 수산물식당

VS

뗏목 위 곽밥

뗏목 위 곽밥

대동강수산물식당 882.6km

"인민들이 사시사철 펄펄 뛰는 물고기로 만든 맛있고 영양가 높은 수산물료리와 가공품을 봉사 받게 되면 좋아할 것이다."(김정은, 노동신문 2018년 6월 9일)

'특색 있는 봉사 방식으로 인기를 모으는 식당'
"식당에서는 공화국의 이름난 양어사업소들과 수산물 가공공장들에서 만든 각종 통졸임류들과 철갑상어 훈제, 연어알젓, 밥조개 가공살과 같은 가공품들도 판매한다. 손님들의 커다란 호평을 불러일으키고 있다. 자기가 먹고 싶은 물고기를 직접 골라 요리를 주문하는 특이한 봉사방식이 손님들 속에서 특별한 인기를 모으고 있다며 철갑상어회, 룡정어회, 칠색송어남새합성, 잉어초밥, 문어초밥, 도미초밥 등 수백가지나 되는 요리들을 봉사한다."(조선의 오늘, 2020년 7월 6일)

3장 대동강수산물식당 VS. 뗏목 위 곽밥

대책회의

3장 대동강수산물식당 VS. 뗏목 위 곽밥

외화벌이: 사금 캐는 사람들

3장 대동강수산물식당 VS. 뗏목 위 곽밥

철문이 열리자, 한 무리의 사람들이 쏜살같이 압록강으로 향한다.

변변한 잠수복이라 할 것도 없이 천쪼가리 하나 걸쳐 입고 세찬 물살을 가른다.

거센 압록강 물살을 헤치며 강을 건너는데, 서로 맞잡은 가녀린 손은 생명줄이 된다.

한동안 물 속에서 잠수를 하던 사람은 물 밖으로 나오자마자 손등에 찬 기계로 무언가를 체크한다.

아마 금의 순도를 알아보는 것이리라.

강물에 떠 있는 자루가 사람인지는 그들이 물 밖에 나와서야 알아차릴 수 있었다.

잠수를 위해 등짝에 짊어진 납과 돌덩어리가 엄숙하리만큼 무겁게 다가온다.

아버지로서 강물에 몸을 맡긴 삶의 무게가 참으로 고단하다.

금모랫빛은 그저 국가에 바쳐야 하는 생존의 가루일 뿐이다.

"엄마야, 누나야 강변 살자" 했던 시인은 반짝이는 금모랫빛의 아름다움을 노래했다.

하지만 압록강변 사람들에게 금모랫빛은 그저 국가에 바쳐야 하는 생존의 가루일 뿐이다.

반짝반짝 물결에 일렁이는 아득한 청춘의 꿈이여….

수백가지나 되는 요리

3장 대동강수산물식당 VS. 뗏목 위 곽밥

위생주방

날개

3장 대동강수산물식당 VS. 뗏목 위 곽밥

공화국의 이름난 양어사업소

떼몰이

압록강 푸른 물이 유유자적 흐른다. 뗏목이라 표현하기에는 생존의 물살이 너무 거세다.

장진강을 출발해 운봉호에 이르는 거대한 떼몰이는 사람과 강이 서로 곁거니틀거니* 하며 생명을 건다.

잔잔한 물살을 따라 흐르던 뗏목도 거친 물굽이에 이르면 순간 고삐를 꽉 움켜쥐어야만 한다.

뗏목 위에 위태롭게 선 두 다리의 힘이 풀리면 거센 물살에 휩쓸려 생을 담보할 수 없다.

나무를 베어낸 민둥산이 폐허처럼 곳곳에 헐벗어 나뒹구는 데에는 다 이유가 있었다.

3장 대동강수산물식당 VS. 뗏목 위 곽밥

압록강에 떠나가는 뗏목 위는 우리네 삶을 담은 작은 우주다.

도란도란 마주앉아 도시락을 먹기도 하고, 거대한 유람선의 선장 마냥 키를 잡고 상념에 잠긴다.

난파된 배를 구하는 냥 떨어져 나간 떼를 찾느라 동료들이 함께 힘을 모으기도 하며,

심지어 거친 나무등걸에 누워 노루잠*을 청하기도 한다.

그렇게 한평생 압록강에서 떼몰이꾼으로 살아갈 손길이 참으로 모지락스럽다*.

아비로 살아가는 생의 굴곡만큼 키를 잡은 팔뚝에는 핏줄이 선연하다.

3장 대동강수산물식당 VS. 뗏목 위 곽밥

북한 당국은 연일 압록강 떼몰이를 독려한다. 지난 7월 16일 노동신문은 "례년에 없는 가물로 물량이 절대적으로 줄어든 조건에서도 4월말 첫떼를 내린 때로부터 7월 15일 현재까지 2만여m³의 떼를 압록강 장진강으로 내렸다"고 한다. 또한 "증산돌격전의 불길을 세차게 지펴 올리고 있는 류벌공들의 투쟁에 의해 떼몰이 실적이 계속 오르고 있다"고 선전한다. 낮과 밤이 따로 없이 떼무이*를 다그치고 있다며….

* 곁거니틀거니: 서로 겨루느라고 버티는 모양
* 노루잠: 깊이 들지 못하고 자꾸 놀라 깨는 잠
* 모지락스럽다: 보기에 억세고 모질다
* 떼무이: 통나무로 떼를 묶어 만드는 일

3장 대동강수산물식당 VS. 뗏목 위 곽밥

3장 대동강수산물식당 VS. 뗏목 위 꽉밥

인민봉사기지

3장 대동강수산물식당 VS. 뗏목 위 곽밥

특이한 봉사방식

3장 대동강수산물식당 VS. 뗏목 위 곽밥

사시사철 펄펄뛰는 물고기

3장 대동강수산물식당 VS. 뗏목 위 곽밥

04

려명거리 고층살림집

VS

궁궐같은 너와집

4장 려명거리 고층살림집 vs. 궁궐 같은 너와집

궁궐같은 너와집

려명거리 고층살림집 882.6km

예로부터 이 설움, 저 설움해도 집없는 설움이 제일 큰 설움이라고 일러왔습니다. 새도 보금자리가 있고 다람쥐도 제 굴이 있다는데 제 몸 담을 변변한 집이 없어 여기저기 떠돌며 행랑살이하는 사람들의 설움이야 더 말해 무엇하겠습니까?
그러나 오늘 우리 공화국에서 사람들은 누구나 이런 설움을 모르고 삽니다. 심지어 집값이 얼마인지도 모르고 국가에서 지어준 궁궐같은 새집을 무상으로 받아안고 있습니다. 어머니당의 은혜로운 손길아래 인민의 꿈과 리상이 날로 활짝 꽃펴 나고 있는 속에 로동당시대의 선경으로 웅장화려하게 일떠선 창전거리, 미래거리, 은하과학자거리, 려명거리 등 조국 땅 그 어디서나 우리 인민은 집값을 전혀 모르고 행복한 생활을 누리고 있습니다.
하기에 우리 나라를 방문한 외국인들은 우리가 사는 살림집을 방문하고 집값을 전혀 모르고 사는 조선인민들이야말로 세상에서 제일 복받은 인민이라고 감탄을 금치 못하고 있습니다. 그렇습니다. 자본주의사회에서는 도저히 꿈도 꿀 수 없는 인민대중중심의 사회주의사회에 사는 우리 인민은 정말 행복합니다. <메아리> 2020년 8월 18일

한지붕 네가족

4장 려명거리 고층살림집 VS. 궁궐 같은 너와집

결사옹위: 미사일 발사대

속도전

천리마, 만리마, 70일 전투, 150일 전투 등의 표현은 북한에서 인력동원을 위해 사용하는 정치선전 구호입니다. 김정은은 2018년 11월 신의주 일대에 대형 호텔, 국제 비행장 등을 세우는 '신의주 건설 총계획'을 지시했습니다. 한마디로 '만리마 속도전'을 다그치고 있지요. 단동 압록강변에서 신의주를 바라보면 둥근모양의 고층건물이 하나 보입니다. 신의주 사람들은 그 건물을 방탄벽아파트라 부릅니다. 혹자는 그 건물을 보며 북한경제가 좋아지고 있다며 목소리를 높이지요. 그런데 타워크레인이 보이는 건물 제일 꼭대기에 위태롭게 선 사람들이 보이시나요? 가느다란 외줄 하나에 목숨 걸고 속도전을 수행하는 돌격대의 아슬아슬한 숨결이 들리시나요? 번듯한 외형에 감추어진 진짜 북한의 실체를 봐야 합니다. 독재의 야만에 붙잡혀 목숨이 경각에 달린 우리네 사람들의 절규를 새겨야 합니다.

4장 려명거리 고층살림집 VS. 궁궐 같은 너와집

105

신의주 방탄벽 아파트

4장 려명거리 고층살림집 VS. 궁궐 같은 너와집

4장 려명거리 고층살림집 VS. 궁궐 같은 너와집

결사옹위: 외줄 하나에 담긴 가녀림

천년책임 만년보증?

대포동

4장 려명거리 고층살림집 VS. 궁궐 같은 너와집

추석날 보름달과 야간작업

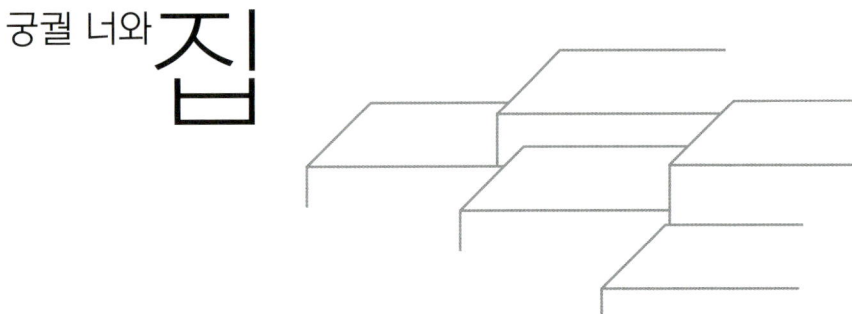

116

궁궐 너와 집

4장 려명거리 고층살림집 VS. 궁궐 같은 너와집

4장 려명거리 고층살림집 VS. 궁궐 같은 너와집

차라리 그 문을 아니 열었더라면 마음이 덜 아리었을까? 아주 한적한 산골마을도 아닌, 대도시의 집이라고는 차마 믿기지 않았다. 양강도에서 가장 큰 도시라는 혜산시 어느 마을의 집은 그야말로 초라함 그 자체였다. 문을 열고 마당으로 얼굴을 내민 어미와 아들이 아니었다면, 그저 사람이 살지 않는 버려진 집이라고만 여겼을 것이다. 아니 그렇게 바라보며 믿고 싶었다. 집 앞 처마에 앉은 어미의 상념이 담벼락에 갇힌다. 나무판자로 누더기처럼 얽혀 놓은 지붕은 가녀린 빗줄기조차 막아주지 못할 것 같다. 경계로 나누어져 집 앞에 철조망을 세운 것도 서러운데, 판자촌 그 한 뼘도 안 되는 집을 나누어 또 다른 사람과 갈라놓았다. 하느작거리는 콩잎이 잠시라도 시름을 날려버리려나.

신음소리도 묻혀버려 심살내리는* 북녘의 사람들이여….

*심살내리다: 잔 근심이 늘 마음에서 떠나지 않다.

최첨단 태양열 주택

4장 려명거리 고층살림집 VS. 궁궐 같은 너와집

주택도 일심단결

4장 려명거리 고층살림집 VS. 궁궐 같은 너와집

4장 려명거리 고층살림집 VS. 궁궐 같은 너와집

회색빛 평등

주택청약

트윈타워

4장 려명거리 고층살림집 VS. 궁궐 같은 너와집

백석 시인이 노래한 삼수갑산 유배지

우리 인민은 행복합니다

새벽녘 어머니는 아궁이에 불 지펴놓고, 그새 텃밭을 일군다. 비닐조각으로 겨우 바람 한 점 막아내는 창틀이지만, 거기에도 파란 생명은 움튼다. 낡고 빛바랜 창틀 위로, 아이의 무심한 눈길이 차가운 아침을 맞는다. 나무판자 몇 개를 붙여 뼈대를 만들고, 슬레이트 지붕을 씌워 겨우 집을 만들었다. 마당 한 켠 버려진 땅 위에도 파릇파릇 싹은 돋아, 질긴 생을 이어간다. 이른 아침을 맞는 북녘 고향집 마당에서, 또 다시 하루를 '살아내기' 위한 생존은 시작된다. 아이야, 너른 들판을 뛰어 오를 그날을 기다리자꾸나.

4장 려명거리 고층살림집 VS. 궁궐 같은 너와집

혁명배짱

복받은 인민

4장 려명거리 고층살림집 VS. 궁궐 같은 너와집

평화종합편의(평안북도상업학교)

2018년 10월   2019년 6월

4장 려명거리 고층살림집 VS. 궁궐 같은 너와집

2019년 9월

Same place, different season
같은장소 다른계절

4장 려명거리 고층살림집 VS. 궁궐 같은 너와집

인민대중중심의 우리식 사회주의

05

미래과학자거리

VS

하모니카주택

김정은 동지께서 전용기를 타시고 미래과학자거리 건설장을 부감하신 다음 현지에 나와 건설사업을 지도하시였다.

번영의 보검   백투더퓨처   　　　　　과학중시   자랑찬 창조물
월스트리트: 조선속도   　　　　　　　　리버사이드 호텔

과학의 기관차 김정숙군 석전양복점   　견인불발 인재중시
3대혁명붉은기 전투장

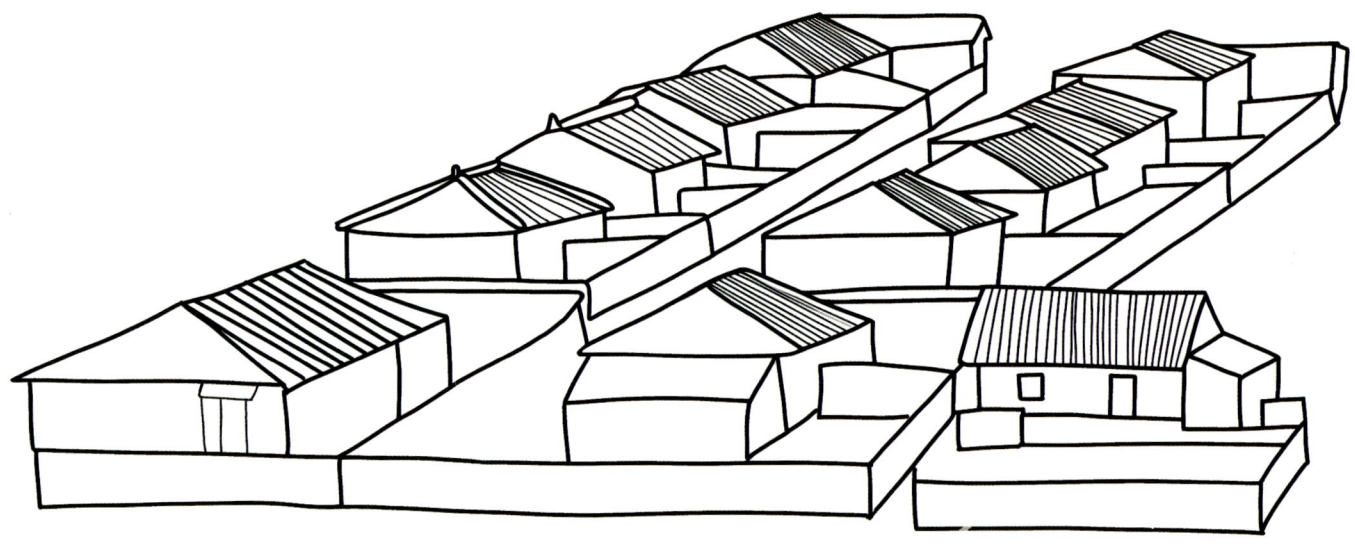

5장 미래과학자거리 VS. 하모니카 주택

하모니카 주택

미래과학자 거리 882.6km

> 과학으로 사회주의 기초를 굳건히 다지고 과학의 기관차로 사회주의를 전진시키려는 것은 우리 당의 확고한 의지이다. 미래과학자거리는 위대한 당의 과학중시, 인재중시 사상과 사회주의 조선의 위력을 힘 있게 과시하는 영광스러운 시대의 자랑찬 창조물이다. (조선중앙통신, 2015년 11월 3일)

하모니카 주택

5장 미래과학자거리 VS. 하모니카 주택

145

5장 미래과학자거리 VS. 하모니카 주택

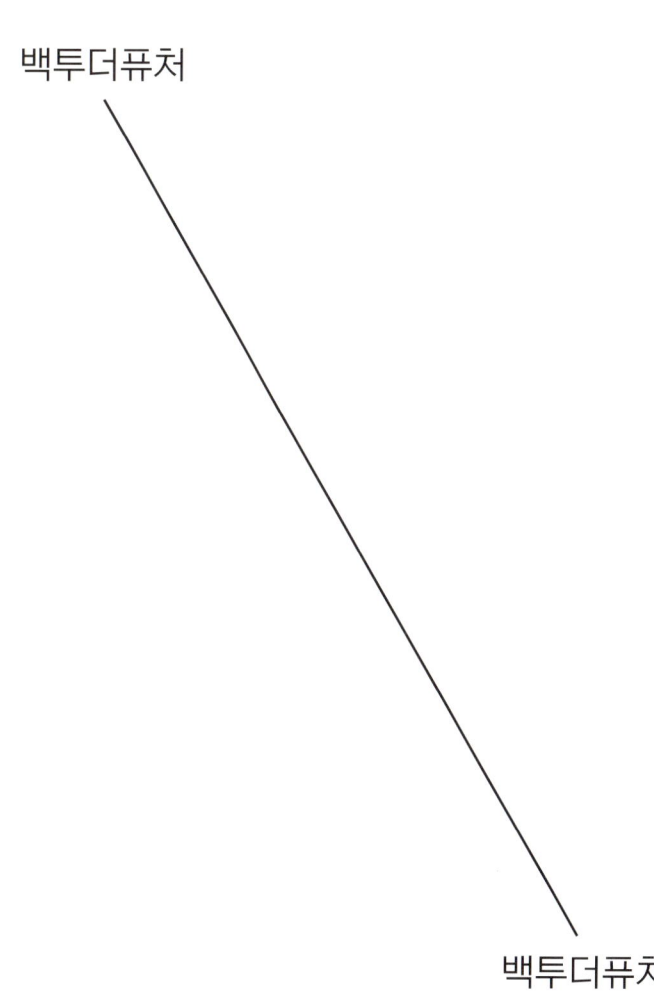

백투더퓨처

백투더퓨처   백투더퓨처

백투더퓨처

백투더퓨처

월스트리트: 조선속도

5장 미래과학자거리 VS. 하모니카 주택

150

구호만 봐도 한눈에 그 크기를 가늠할 수 있다.

자전거를 타고 가는 아이들의 행렬이 길게 이어져도 선전구호를 다 가리지 못한다.

족히 수십 미터는 됨직한 선전구호가 강변에 위용있게 자리를 잡았다.

5장 미래과학자거리 VS. 하모니카 주택

"우리나라 사회주의 제도를 소중히 여기고 끝없이 빛내여가자." 사람의 눈길이 닿는 어느 곳이나 빨간색 선전판이 내걸렸다. 가르고 막아서 어디나 함부로 다니면 안 된다는 무언의 억압마냥, 족히 수십 미터는 됨직한 콘크리트 선전판이 압록강 강둑에 얼룩졌다. 유유히 흐르는 압록강물은 철조망에 부딪쳐 에돌아 나가고, 사람이 다니는 강변길은 빨간색 선전구호가 강둑을 짓이긴다. 초록빛 싱그러움이 온 대지를 적시는 그날에도 어김없이 '사회주의제도를 빛내여가자'는 구호는 한여름의 햇살보다 더 따갑고 잔인하게 반짝인다. 에움길*로 가면서도 '조선속도'를 외치는 그들의 낡은 이념이, 빛바랜 선전판에 저적거린다*.

*에움길: 굽은 길. 또는 에워서 돌아가는 길
*저적거리다: 힘없이 천천히 걷다. 어린아이가 처음 걷기 시작할 때처럼 발을 천천히 내디디며 위태롭게 걷다.

견인불발

5장 미래과학자거리 VS. 하모니카 주택

5장 미래과학자거리 VS. 하모니카 주택

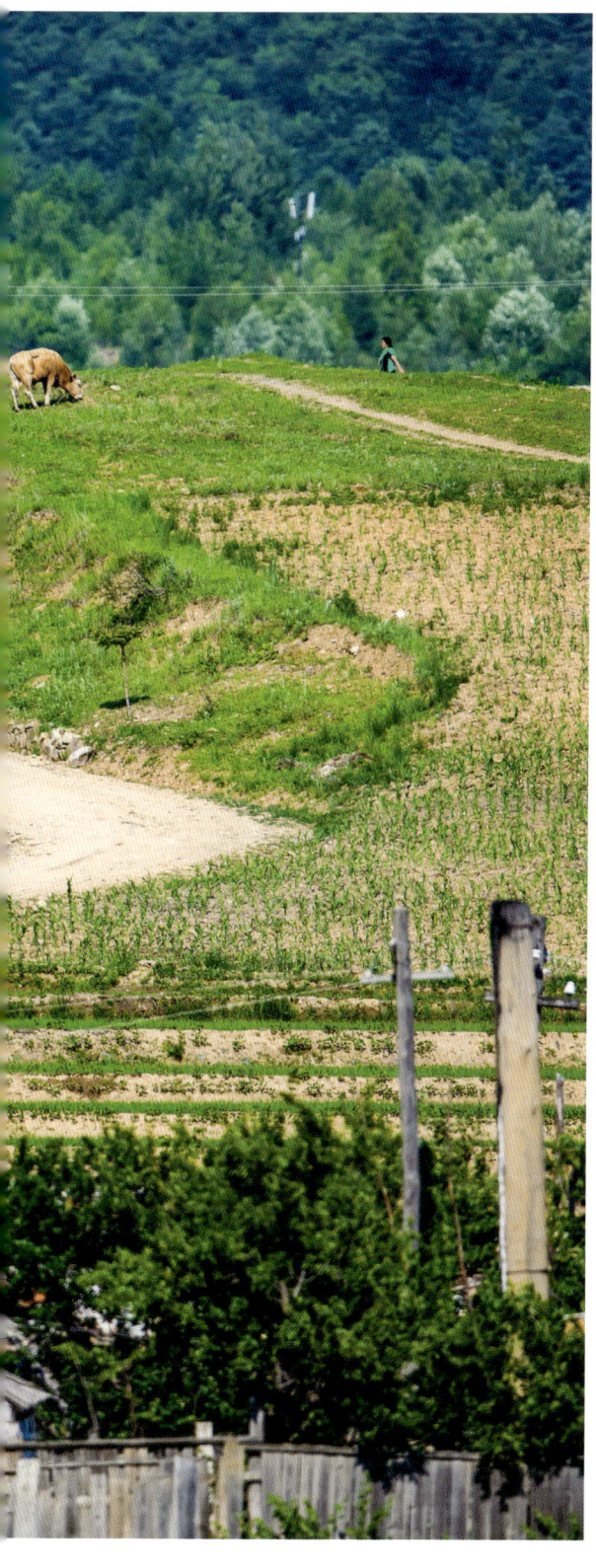

사회주의 조선의 위력

5장 미래과학자거리 VS. 하모니카 주택

백두산이 우리를 지켜본다

김정은이 백두산의 삼지연군 건설을 지시하면서, 북한 주민들은 밤낮 없이 건설 현장에 동원되고 있습니다. 삼지연으로 향하는 길 위에 돌격대들이 생활하는 임시 거처가 세워지고, '백두산이 우리를 지켜본다'는 선전 구호가 놓였습니다. 당의 숭고한 뜻과 의도를 심장에 새기고 표준철도를 놓자며 속도전을 다그칩니다. 백두의 칼바람 정신, 백두의 혁명 정신. 백두 혈통, 정일봉의 우뢰 소리를 선전하며, 돌격대 청춘들의 꿈은 거친 산중의 공허한 메아리가 됩니다. 올해 출판된 <답사행군노래집— 가리라 백두산으로> 책을 보면, 백두산 정일봉을 형상화한 노래들이 가득합니다. 아이들은 그 노래를 부르며 천리길을 걷겠지요.

한 해에도 수만 명의 남한 사람들이 중국을 통해 백두산을 오릅니다.
그것도 백두산이 아닌 장백산이라는 이름으로 바뀌어진 곳을, 비싼 입장료를 지불하고 말입니다.
분단의 백두산은 남북한 주민 모두에게 아픔입니다.

3대혁명붉은기 전투장

5장 미래과학자거리 VS. 하모니카 주택

십자가 십자가 십자가 십자가 십자가

김정숙군 석전양복점

5장 미래과학자거리 VS. 하모니카 주택

리버사이드 호텔

자랑찬 창조물

5장 미래과학자거리 VS. 하모니카 주택

안으로부터 굳게 틀어 잠그고 자력갱생하자 외쳐댄다. 콘크리트와 철근 대신 나무로 기둥을 세웠으니 밑절미는 당연히 굳세지 못하리라. 자력갱생의 공허한 외침마냥 붉은 깃발이 허공에 나부낀다. <전인민적인 총공세>, <자급자족>을 강조하면서 죽음으로 지키자는 <결사옹위>는 정작 생명을 담보하지 못한다. 빛의 속도를 살아가는 시대에 소달구지를 몰아가며 새로운 진격로를 열어가자 한다. 그 시절 우리네 아버지도 그러했을까? 팔뚝에 서린 굵은 핏줄은 집안의 가장으로서 짊어져야 할 가족의 무게를 담은 듯 하다. <하나의 대가정>이라 외치지만 않으면 사랑하는 가족들과 도란도란 마주앉아 하루의 시름을 달랠 수 있으련만… 건물 꼭대기에 위태롭게 선 아버지의 바람칼이 하늘에 닿는다.

동화 속 세계

5장 미래과학자거리 VS. 하모니카 주택

과학중시

인재중시

5장 미래과학자거리 VS. 하모니카 주택

5장 미래과학자거리 VS. 하모니카 주택

수학여행 VS 혁명 사적지 답사

5장 미래과학자거리 VS. 하모니카 주택

06

문수물놀이장

VS

페트병 줍기

문수물놀이장에 깃든 인민사랑의 새 전설
이 세상 그 어느 나라 영도자가 인민을 위한 물놀이장 건설을 위해 …
이토록 크나큰 노고를 바친 적이 있었느냐.

6장 문수물놀이장 VS. 페트병 줍기

페트병 줄기

문수물놀이장 882.6km

"무더운 여름철에 기쁨과 행복의 물보라를 끊임없이 피워올리던 문수 물놀이장은 이 한겨울에도 푸른 물을 출렁이며 인민들을 반겨 맞고 있다."(노동신문 2019년 12워 15일)

"희한한 물의 궁전인 문수물놀이장에 인민의 기쁨, 행복의 웃음소리가 한껏 넘쳐나고 있다."(조선중앙통신 2014년 6월 12일)

"군인건설자들은 결사관철의 정신을 높이 발휘해 방대한 문수물놀이장건설을 불과 9 개월 동안에 끝내는 자랑찬 성과를 이룩했다. 10만9,000㎡에 달하는 방대한 부지에 각종 물미끄럼대와 수조들로 꾸려진 야외물놀이장과 종합적인 실내물놀이장, 실내체육관, 문수기능회복원이 특색있게 건설됐다."(노동신문 2013년 10월 14일)

"당 창건 기념일까지 세계적인 문수물놀이장을 건설해 인민들에게 안겨줄 수 있게 됐다. 우리 당의 사회주의 문명국 건설 구상을 맨 앞장에서 받들어가는 인민군 군인들의 결사관철의 정신이 낳은 기적이다."(노동신문 2013년 9월 18일)

페트병 줍는 아이들

6장 문수물놀이장 VS. 페트병 줍기

처음에는 눈으로 보고도 믿기지 않았다. 아이들이 압록강변에서 줍고 있는 건, 강 건너편 중국에서 떠밀려온 페트병이었다. 한 짐을 지고 일하던 아이가 숲 속으로 들어가더니 입에 문 건, 다름아닌 담배다. 이제 겨우 초등학생 정도나 되었을까. '한 모금 담배 연기에 고된 삶의 무게를 내뱉는다' 하기에는 고사리손에 쥐어진 담배 개피가 너무나 잔인하게만 보였다.

2019년 6월 30일. 독재자는 화려한 연출로 거짓의 경계에 섰고, 굶주리는 아이들은 그 독재자의 권력에 가려 생사의 기로에 섰다. 분단의 경계를 용기 있게 넘나들며 평화를 만들어간다고 포장은 해 주면서, 정작 평화가 필요한 저 어둠에는 왜 빛을 밝히려 하지 않는지…. 자신들의 권력과 독재 정권 유지를 위해 경계선에서 한바탕 쇼를 벌이는 동안, 아이들은 분단의 강을 건너지 못했다. 너무도 부끄럽고 미안해, 저 아이들의 눈망울을 똑바로 쳐다 볼 수 없었다.

6장 문수물놀이장 VS. 페트병 줍기

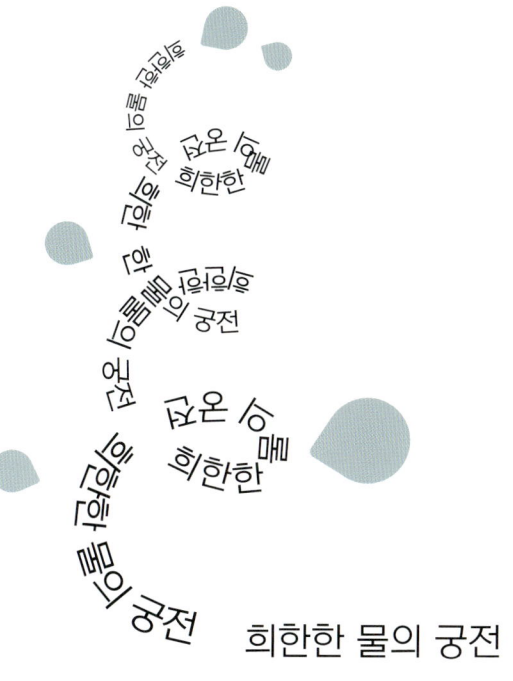

희한한 물의 궁전

결사관철의 정신

6장 문수물놀이장 VS. 페트병 줍기

야외물놀이장

한여름 압록강은 그나마 북녘 사람들에게 옅은 숨이라도 쉬며 주저로운* 삶을 달래주는 듯하다.

*주저로운: 넉넉하지 못하여 아쉽거나 곤란한 데가 있다

워터파크

6장 문수물놀이장 VS. 페트병 줍기

여름엔 케비지?

6장 문수물놀이장 VS. 페트병 줍기

방과후 노동

행복의 물보라

6장 문수물놀이장 VS. 페트병 줍기

표파는곳

6장 문수물놀이장 VS. 페트병 줍기

오션월드

07

옥류아동병원

VS

공동우물

옥류아동병원은 어린이들의 건강을 위하여
당에서 마음먹고 건설한 종합적인 의료봉사기지입니다.

7장 옥류아동병원 VS. 공동우물

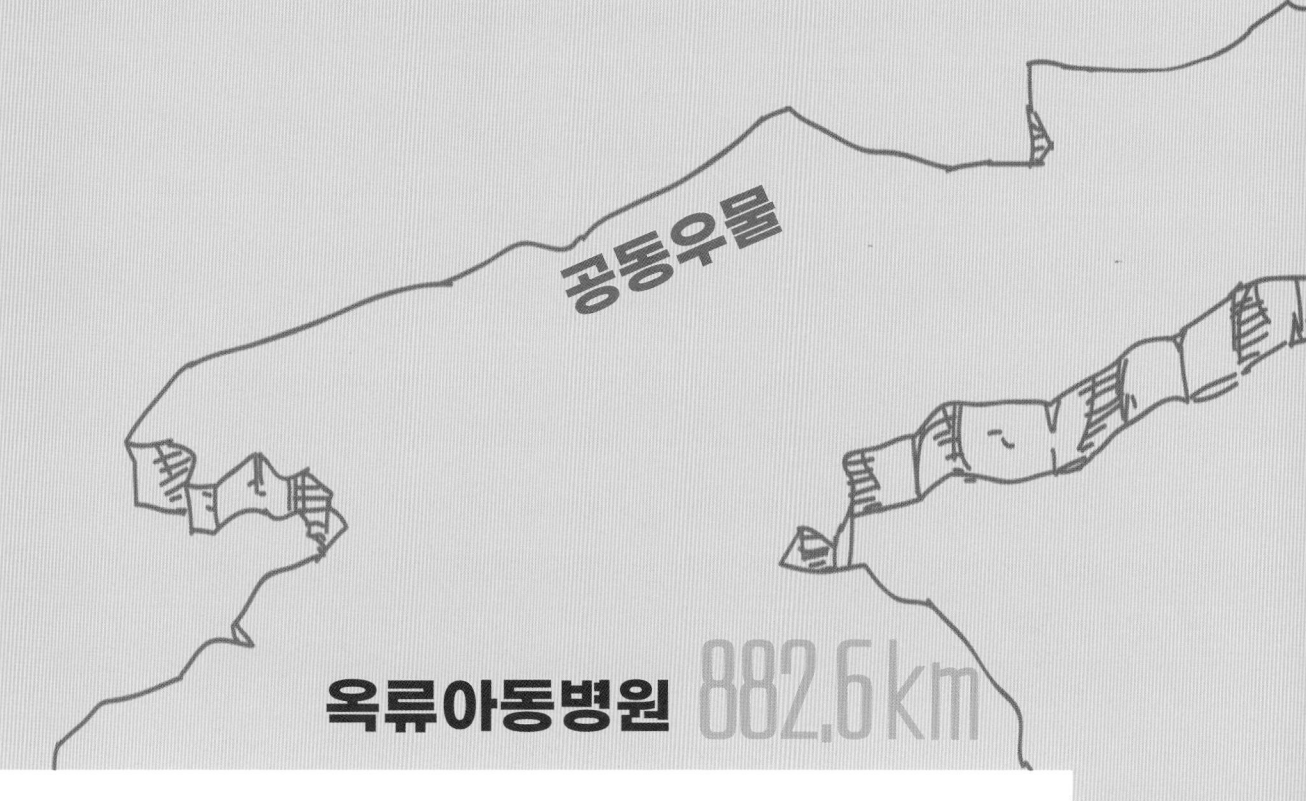

옥류아동병원과 각 도 소아병원들을 연결하는 먼거리의료봉사체계는 지난해 12월에 새로 수립돼 지금까지 6개월 남짓한 기간 440여 명의 어린이들이 먼거리의료봉사를 받았다. (조선중앙통신 2014년 6월 30일)

어제저녁이였다. 딸애와 함께 텔레비죤을 보는데 동화속의 궁전을 방불케 하는 옥류아동병원이 소개되였다. 그러자 옆에 있던 딸애가 내 팔을 흔들며 기뻐서 어쩔줄 몰라하였다.
《엄마, 내가 입원했던 옥류아동병원이예요. 나 또 입원해봤으면…》
문득 튀여나온 딸애의 말에 나는 저도 모르게 웃음을 지었다. 딸애의 이 말을 들을 때마다 나는 이 나라의 천만부모들의 사랑을 합쳐도 비기지 못할 크나큰 사랑으로 온 나라 아이들을 보살펴주시는 자애로운 어버이의 다심하고 따뜻한 사랑에 눈시울이 젖어드는 것을 어찌할수 없다. 하기에 나는 마음속 진정을 터쳐 이렇게 말한다.
- 공화국의 모든 아이들은 이 세상 가장 큰 행운을 지니고 만복을 누려가는 행복동이들이라고 (조선의 오늘 2020년 5월 3일)

행복동이

7장 옥류아동병원 VS. 공동우물

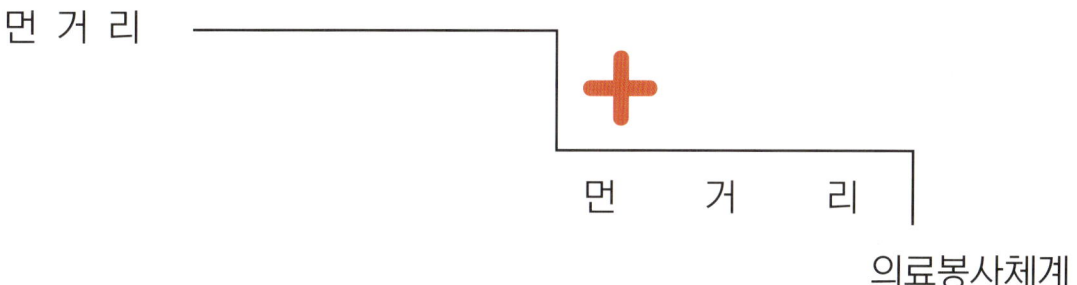

먼 거 리
＋
먼 거 리
의료봉사체계

자애로운 어버이

7장 옥류아동병원 VS. 공동우물

공화국의 모든 아이들

천만부모들의 사랑

7장 옥류아동병원 VS. 공동우물

의료봉사기지

만복을 누려가는

7장 옥류아동병원 VS. 공동우물

동화속 궁전

7장 옥류아동병원 VS. 공동우물

예방접종

08

만경대학생소년궁전

VS

농촌지원

만경대학생소년궁전은 우리 학생소년들을 위한 종합적인 과외교양기지입니다.

7월의 아이들
최후승리의 함성
아이들의 궁전
동화속 세계
주체적 건축미학사상
상
백두산대학
국제노동기구 협약 182호
장흥고급중학교 성경동문교
조선을 위하며 배우자
폭력의 재구성
파이프양키지
자력갱생과 만리마속도

8장 만경대학생소년궁전 VS. 농촌 지원

농촌지원

만경대학생소년궁전 882.6km

"동화 세계에 들어갔다 나온 것만 같다."

"형식과 내용에 있어서 사회주의 문명국의 체모에 맞고 주체적 건축미학사상의 요구가 철저히 반영되었으며 당의 후대관이 그대로 비낀 세상에 둘도 없는 아이들의 궁전"

"참으로 방대하고 어려운 공사였지만 아이들의 밝은 웃음과 행복을 지키는 중차대한 사업이고 오늘에 울리는 아이들의 웃음소리가 최후승리의 함성으로 이어지는 것이기에 당에서는 천만금을 아끼지 않았다." "학생소년들에게 더 좋고 더 훌륭한 생활조건과 환경을 마련해주기 위한 투쟁을 계속 힘있게 벌려나가야 한다."

(노동신문 2015년 12월 1일)

농촌지원

8장 만경대학생소년궁전 VS. 농촌 지원

8장 만경대학생소년궁전 VS. 농촌 지원

동화속 세계

항상준비

8장 만경대학생소년궁전 VS. 농촌 지원

7월의 아이들: 청포도가 익어가는 계절?

어느 시인은 "내 고장 칠월은 청포도가 익어가는 계절"이라 노래했다.

한여름 이글거리는 태양볕을 온몸에 받아 탐스럽게 영그는 아리따움을 바라보았으리라.

하지만 북녘의 칠월은 아이들에게 그리 아름다운 계절은 아닌 듯 하다.

학교 운동장은 텅 비었고 아이들은 교실에 있지 않았다. 아니 그럴 수 없었다.

초록빛 너른 들녘에 알록달록 무늬를 띄운 건 모두 아이들이었다.

어른들이 만들어 놓은 자드락*에서 하루종일 허리굽혀

잡초를 뽑고 자갈을 주워 담는 건 모두 아이들의 몫이었다.

압록강 끝에서 끝까지 그 어디를 가도 7월 들녘에는 아이들의 노동이 있었다.

고사리 같은 손으로 푸서리*를 갈아내는 동안, 한여름 뙤약볕에 아이들의 웃음은 슬펐다.

8장 만경대학생소년궁전 VS. 농촌 지원

농촌체험활동이니 체험학습이라는 말은 그들에게 너무 사치롭고 낭만스러운 표현이었다.

말 그대로 농촌 지원에 나선 아이들은 그저 또 하나의 일손일 뿐이었다.

날이 저뭇해서야 집으로 돌아가는 아이들의 발걸음이 애처로웠다.

북녘의 아이들은 "먼데 하늘이 꿈꾸려 알알이 들어와 박히는" 희망을 노래하지 못했다.

부등깃*마냥 아이들의 꿈은 자랄 새도 없이, 독재의 하늘 아래 산산이 부셔졌다.

"아이야 우리 식탁엔 은쟁반에 하이얀 모시수건을 마련해 두렴."

반가운 손님이 그들에게도 와 줄는지….

* 자드락: 나지막한 산기슭의 비탈진 땅
* 푸서리: 잡초가 무성하고 거친 땅
* 부등깃: 갓 태어난 새끼 새의 다 자라지 못한 약한 깃

8장 만경대학생소년궁전 VS. 농촌 지원

8장 만경대학생소년궁전 VS. 농촌 지원

국제노동기구 협약 182호

장흥고급중학교 상장동분교

집으로 가는 길

주체적 건축미학사상

8장 만경대학생소년궁전 VS. 농촌 지원

소선을 위하여 배우자

8장 만경대학생소년궁전 VS. 농촌 지원

양강도 혜산시 위연소학교단

아이들의 궁전

8장 만경대학생소년궁전 VS. 농촌 지원

Same place, different season
같은장소 다른계절

자력갱생과 만리마속도

일용할 양식

8장 만경대학생소년궁전 VS. 농촌 지원

백두산대학

최후승리의 함성

8장 만경대학생소년궁전 VS. 농촌 지원

만포시고산고급중학교

과외교양기지

폭력의 재구성

8장 만경대학생소년궁전 VS. 농촌 지원

처음에는 그저 강변에서 물고기를 잡는 아이들이라고만 여겼다.

최소한 사나운 어른이 나타나기 전까지는 그러했다.

무엇을 그리도 잘못했을까? 할당량을 채우지 못한 채 강변에 놓였던 소쿠리가 텅 비어서였을까?

호통을 치며 물 밖으로 아이를 불러내고 이내 어른의 손에는 몽둥이가 쥐어졌다.

몽둥이로 때리는 것에 그치지 않고 발길질에 아이는 물속으로 고꾸라진다.

뺨을 맞은 아이는 한동안 얼굴을 움켜진 채 몸을 움츠렸다.

아이는 벋장대지* 못한 채 그렇게 한동안 폭력은 계속되었다.

*벋장대다: 쉬이 따르지 않고 고집스럽게 버티다
*엉너리: 남의 환심을 사기 위하여 어벌쩡하게 서두르는 짓

8장 만경대학생소년궁전 VS. 농촌 지원

8장 만경대학생소년궁전 VS. 농촌 지원

경애하는 김정은 장군님 고맙습니다?

8장 만경대학생소년궁전 VS. 농촌 지원

09

평양지하전동차

VS

목탄차

지하전동차가 미남자처럼 잘 생겼다.
우리의 **주체적 역량과 과학기술**에 의거하면
무엇이든 다 만들 수 있다는 신심으로 가슴이 벅차오른다.

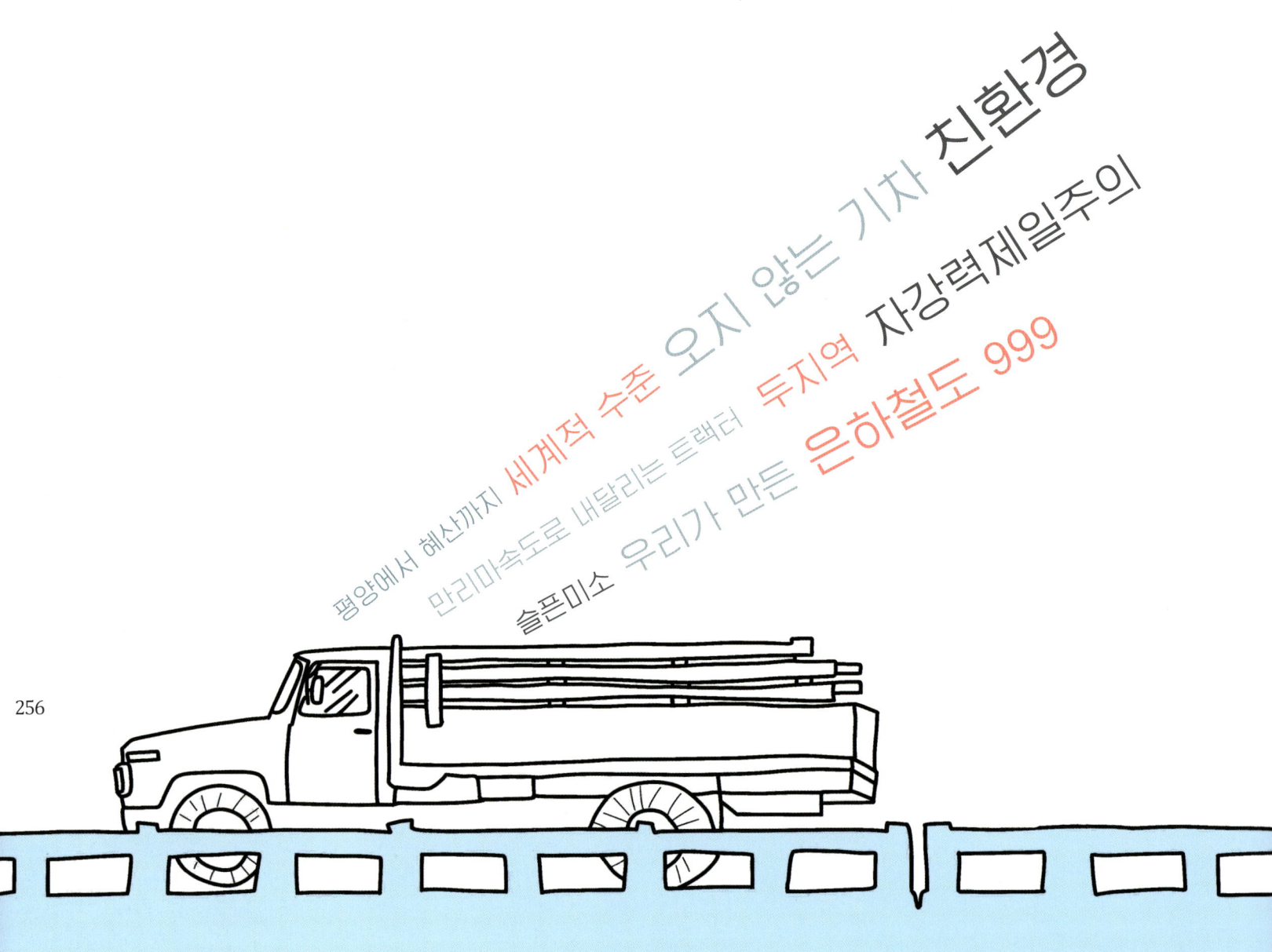

평양에서 혜산까지 세계적 수준 오지 않는 기차 친환경
만리마속도로 내달리는 트랙터 두지역 자강력제일주의
슬픈미소 우리가 만든 은하철도 999

간평역 평양행 국제기차 선물기관차 조선직업총동맹
주체적 역량과 과학기술 현대적인

9장 평양지하전동차 VS. 목탄차

목탄차

평양 지하전동차 882,6km

평양지하철도에서 우리 노동계급이 만든 지하전동차가 첫 운행을 시작하였다. 더 높은 목표를 제기하고 세계적 수준의 지하전동차를 계열생산하기 위한 투쟁을 힘있게 벌림으로써 평양지하철도에서 우리가 만든 현대적인 지하전동차들이 달리게 하자. 우리가 만든 지하전동차를 운전해보니 다른 나라의 것에 비해 속도도 좋고 제동상태도 나무랄 데가 없다는 것이 제꺽 알린다. (노동신문 2016년 1월 2일)

평양에서 혜산까지

9장 평양지하전동차 VS. 목탄차

세계적 수준

십리동

9장 평양지하전동차 VS. 목탄차

오지 않는 기차

9장 평양지하전동차 VS. 목탄차

만리마속도로 내달리는 트랙터

소달구지로 밭을 일구는 시골 비포장길에 두 대의 택시가 마주한다. 서로 다른 회사인지 차량의 디자인이 제각각이다. 형형색색 택시가 비포장길에 흙먼지를 뿌리며 쌩하니 달려가고, 거친 들녘 한쪽에는 느릿느릿 소가 고랑을 맨다. 빠름과 느림, 변화와 정체의 공존이라 해야 할까?
천리마를 주장하던 북한이 이제는 만리마를 앞세운다. 트랙터 지붕에 <만리마속도창조>라는 글귀가 선명하다. 굴러다니기나 할까 염려스러울 정도로 낡은 트랙터가 만리마속도를 위한 하얀연기를 내뿜는다. 저 속도로는 온종일 일해도 겨우 밭고랑 하나 메우기 어려워 보이는데 만리마속도를 외쳐댄다.

영문으로 TAXI라고 쓴 경광등은 마치 자본주의의 거센 물결처럼, 만리마속도를 내세우는 우리식사회주의를 휘몰고 있다. 그렇게 한 세상은 변화를 맞이하리라. 내친걸음으로 새로운 세상을 내달리자.

두지역

9장 평양지하전동차 VS. 목탄차

친환경

자강력제일주의　　　　　9장 평양지하전동차 VS. 목탄차

267

슬픈미소　　　슬픈미소

슬픈미소

간평역

9장 평양지하전동차 VS. 목탄차

주체적 역량과 과학기술

평양행 10시 기차

国际联运候车室
车次 终到站 开点 状态
95 平壤 10:00 正在检票
国内旅客止步

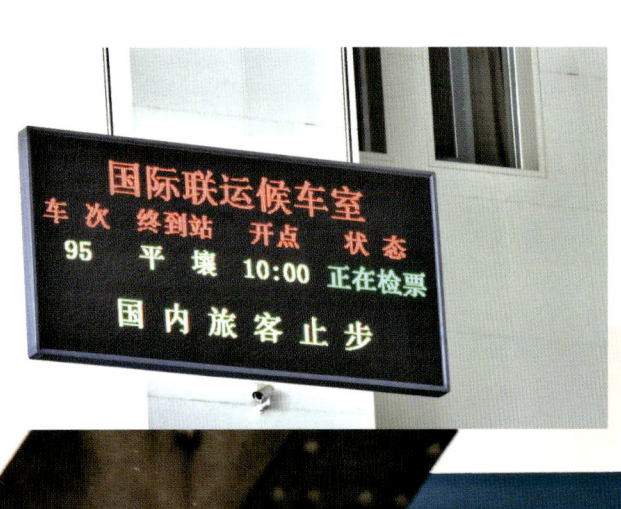

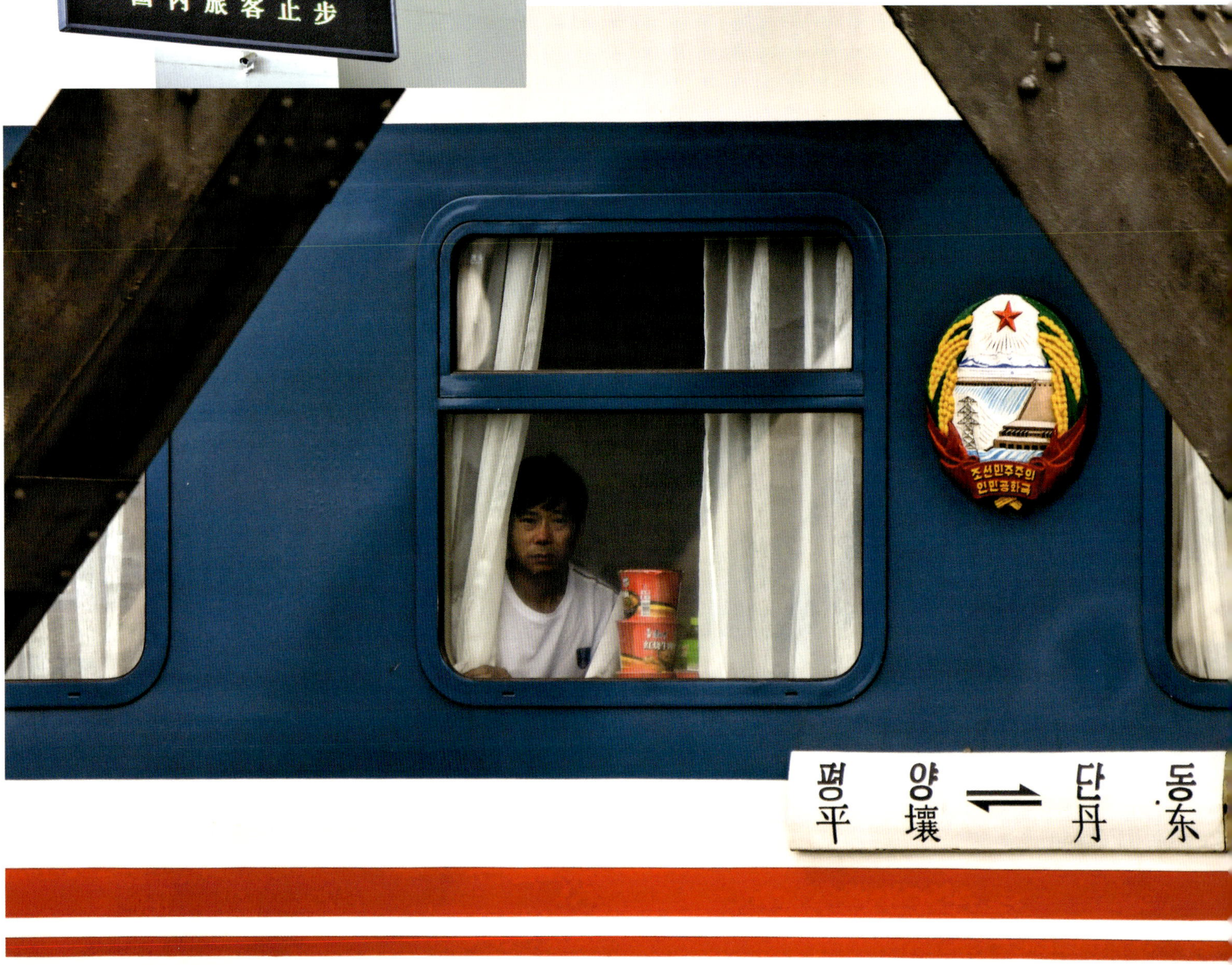
조선민주주의
인민공화국
평양 ⇄ 단동
平壤 丹东

평양-베이징

장군님 차량은 렉서스 LX570

9장 평양지하전동차 VS. 목탄차

현대적인

선물기관차

9장 평양지하전동차 VS. 목탄차

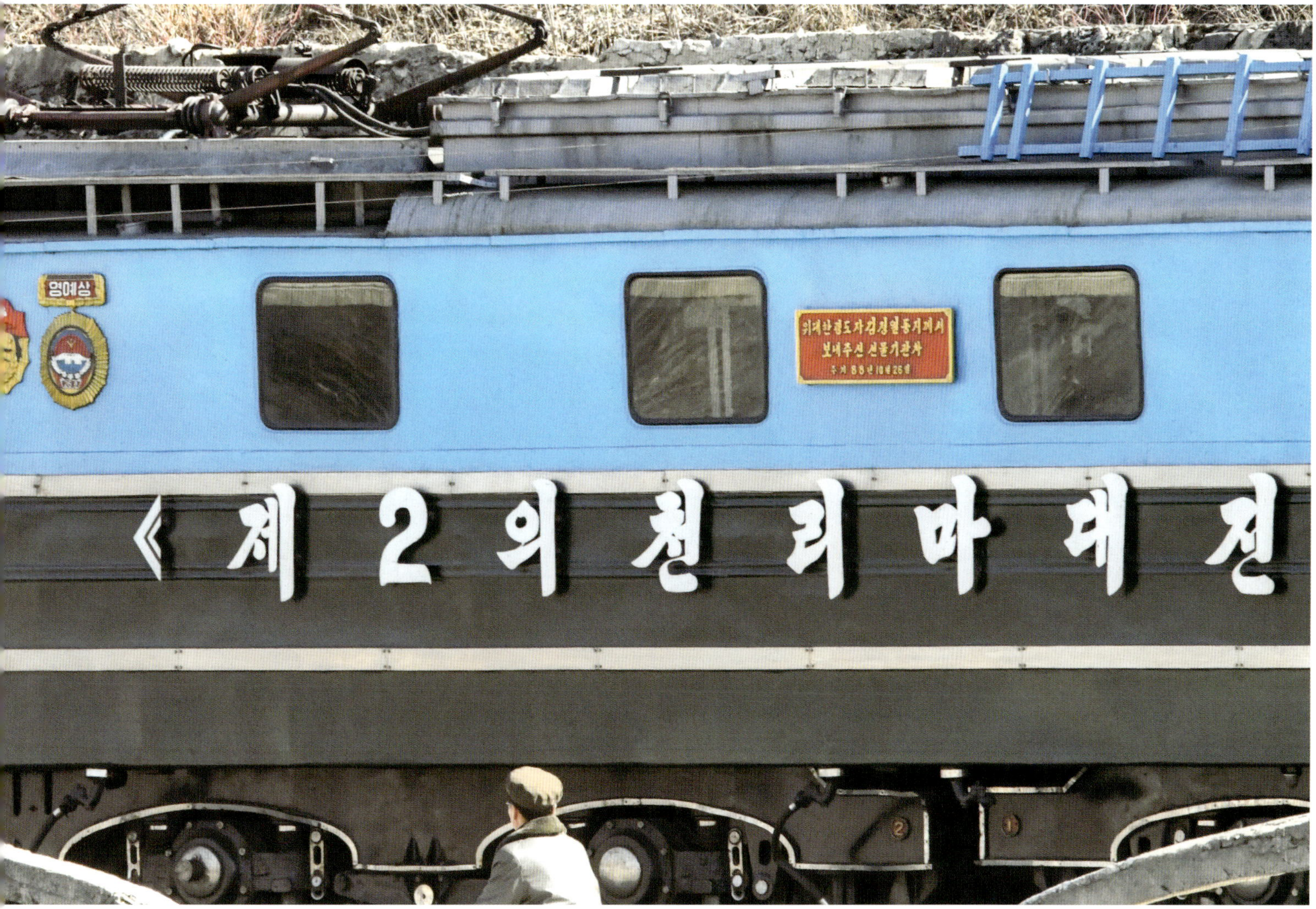
영예상
위대한령도자김정일동지께서
보내주신 선물기관차
주체 88년 10월 26일
《제 2 의 천 리 마 대 진

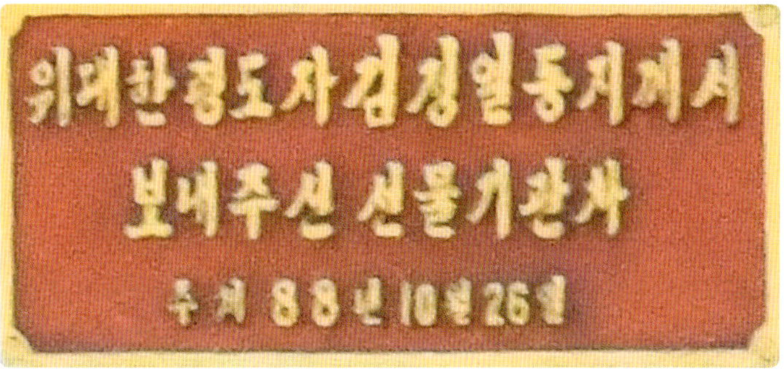
위대한령도자김정일동지께서
보내주신 선물기관차
주체 88년 10월 26일

조선직업총동맹은 우리 당을 정치사상적으로 옹호보위하며 당의 혁명로선을 관철하기 위하여 투쟁하는 우리 당의 믿음직한 방조자이다.

조선직업총동맹

우리가 만든

9장 평양지하전동차 VS. 목탄차

은하철도 999   은하철도 999   은하철도 999   은하철도 999

10

평양국제비행장

VS

모기장론

평양국제비행장 항공역은 평양의 관문,
우리나라의 얼굴이나 같다.
사회주의문명국의 체모에 어울리는
노동당 시대의 자랑스러운 건축물로 일떠 세워야 한다.

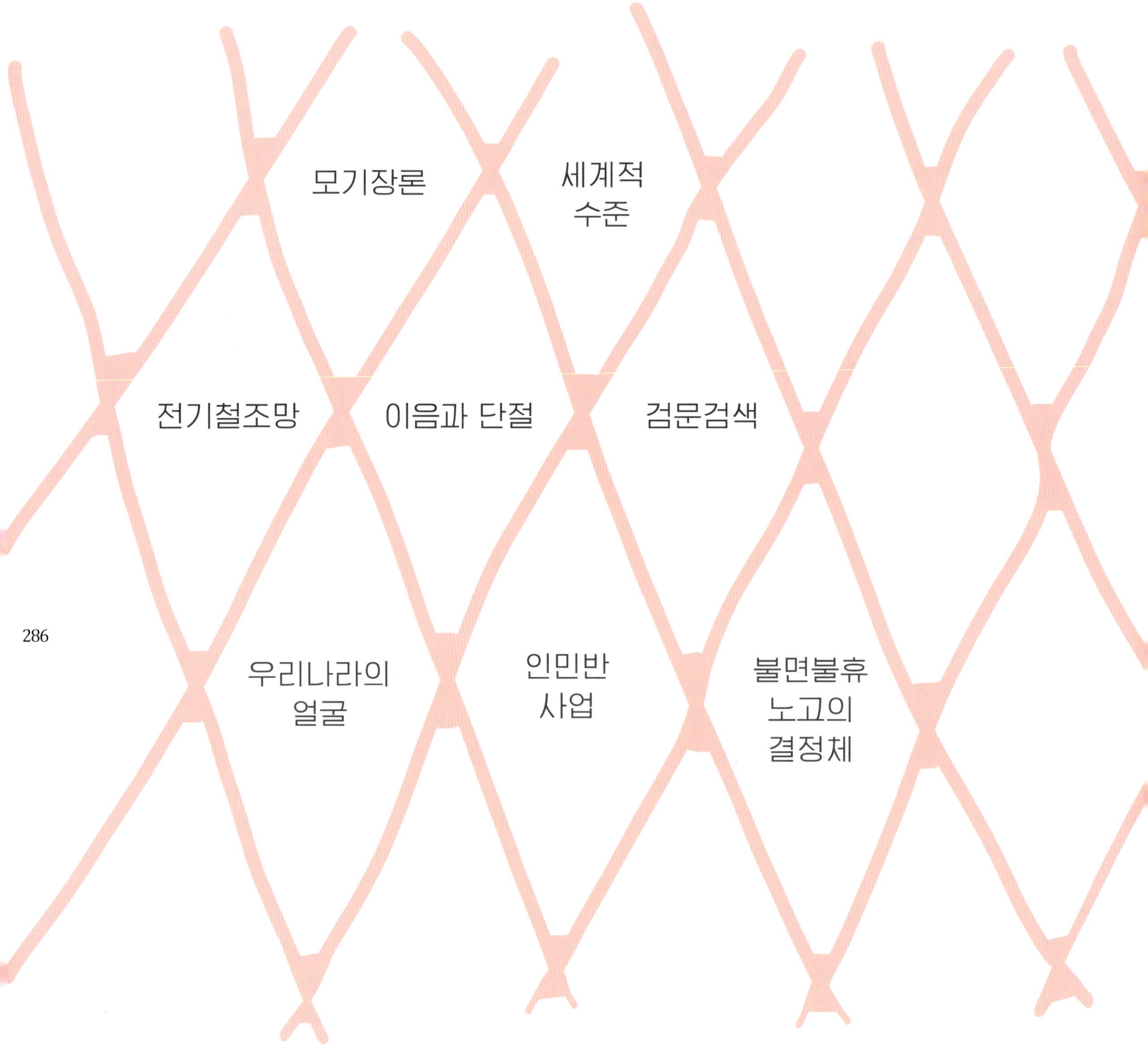

모기장론　　세계적
　　　　　　수준

전기철조망　이음과 단절　　검문검색

우리나라의　인민반　　불면불휴
얼굴　　　　사업　　　　노고의
　　　　　　　　　　　　결정체

10장 평양국제비행장 VS. 감시초소

모기장론

평양국제비행장 882.6km

평양국제비행장 항공역사는 김정일 위원장의 뜻을 받아 항공운수를 세계적 수준에 올려세우려는 김정은 제1비서의 숭고한 충정과 열렬한 애국의지, 불면불휴 노고의 결정체.(노동신문 2015년 7월 1일)

모기장론

10장 평양국제비행장 VS. 감시초소

사회주의 생활양식과 어긋나는 사상과 이색적인 풍조가 북한 내부에 들어오지 못하도록 사상적 모기장을 든든히 쳐야 한다. 적들이 끈질기게 들이미는 자본주의 독소가 우리 지경을 넘어서지 못하도록 모기장을 2중 3중으로 든든히 치면서...

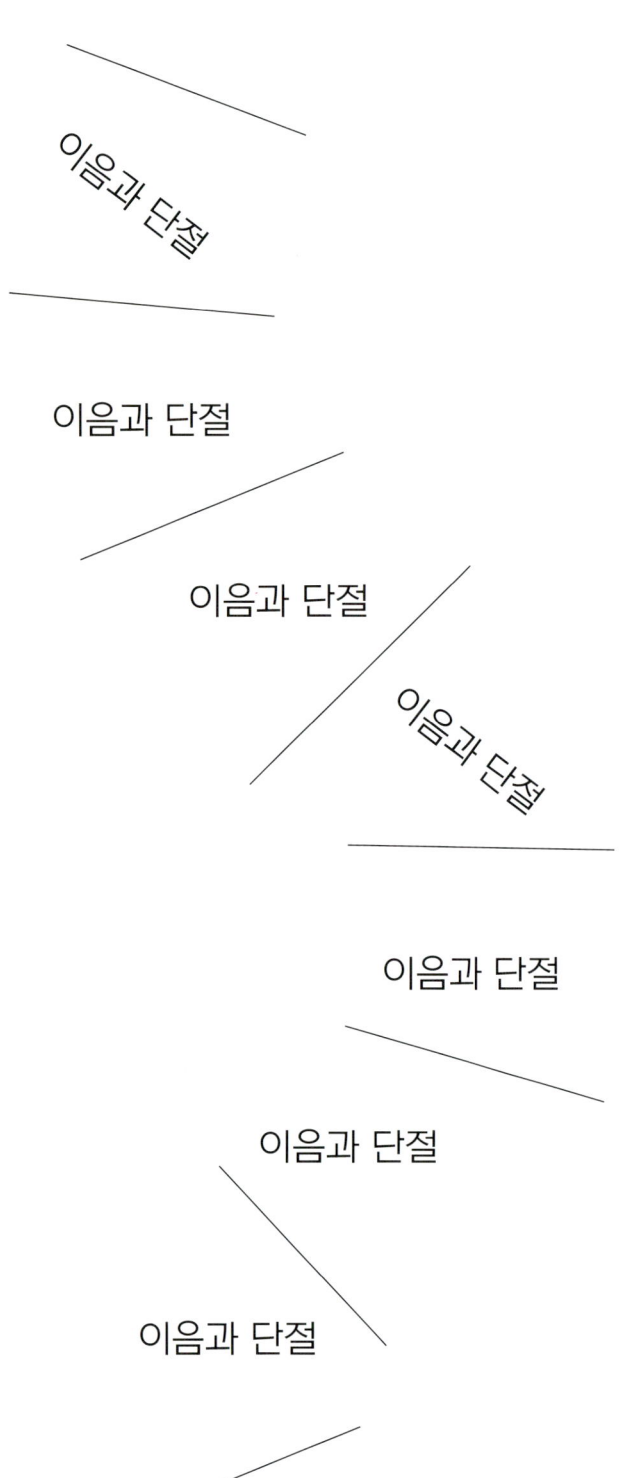
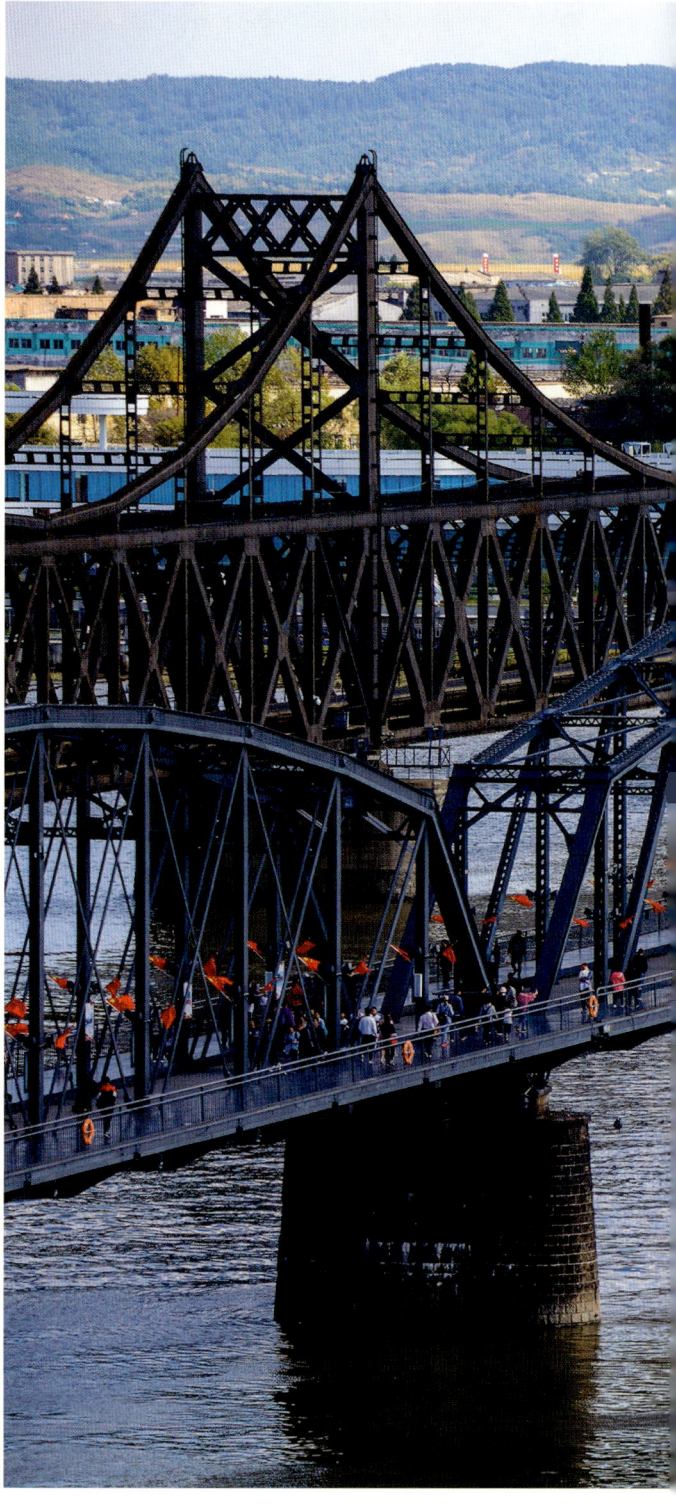

10장 평양국제비행장 VS. 감시초소

전기철조망

10장 평양국제비행장 VS. 감시초소

우리나라의 얼굴

10장 평양국제비행장 VS. 감시초소

10장 평양국제비행장 VS. 감시초소

님아, 그 강을 건너다오

10장 평양국제비행장 VS. 감시초소

인민반 사업

10장 평양국제비행장 VS. 감시초소

북녘마을 어디나 서있는 인민반 초소입니다.
표지판을 보면 참으로 다양한 신고방법과 신고소가 있네요.
보안원, 보위대, 분주소, 소방대 등…
경각성을 가지자 합니다. 누구를 신고해야 하나요?

허락된 자와 그렇지 않은 자, 건널 수 있는 자와 그렇지 않은 자,
삶이란 어쩌면 이 세상에 잠시 허락된 자로 살아가는 순간일지도 모르겠습니다.

그 순간의 삶에 남과 북은 고통과 아픔으로 점철되네요.

10장 평양국제비행장 VS. 감시초소

타다《E.C》

10장 평양국제비행장 VS. 감시초소

불면불휴 노고의 결정체

10장 평양국제비행장 VS. 감시초소

세계적 수준

11

과학기술전당

VS

자급자족

나라의 귀중한 재부인 과학기술전당 운영을 잘해 **전민과학기술인재화**, 과학기술강국화, 인재강국화 실현에 크게 이바지해야 한다.

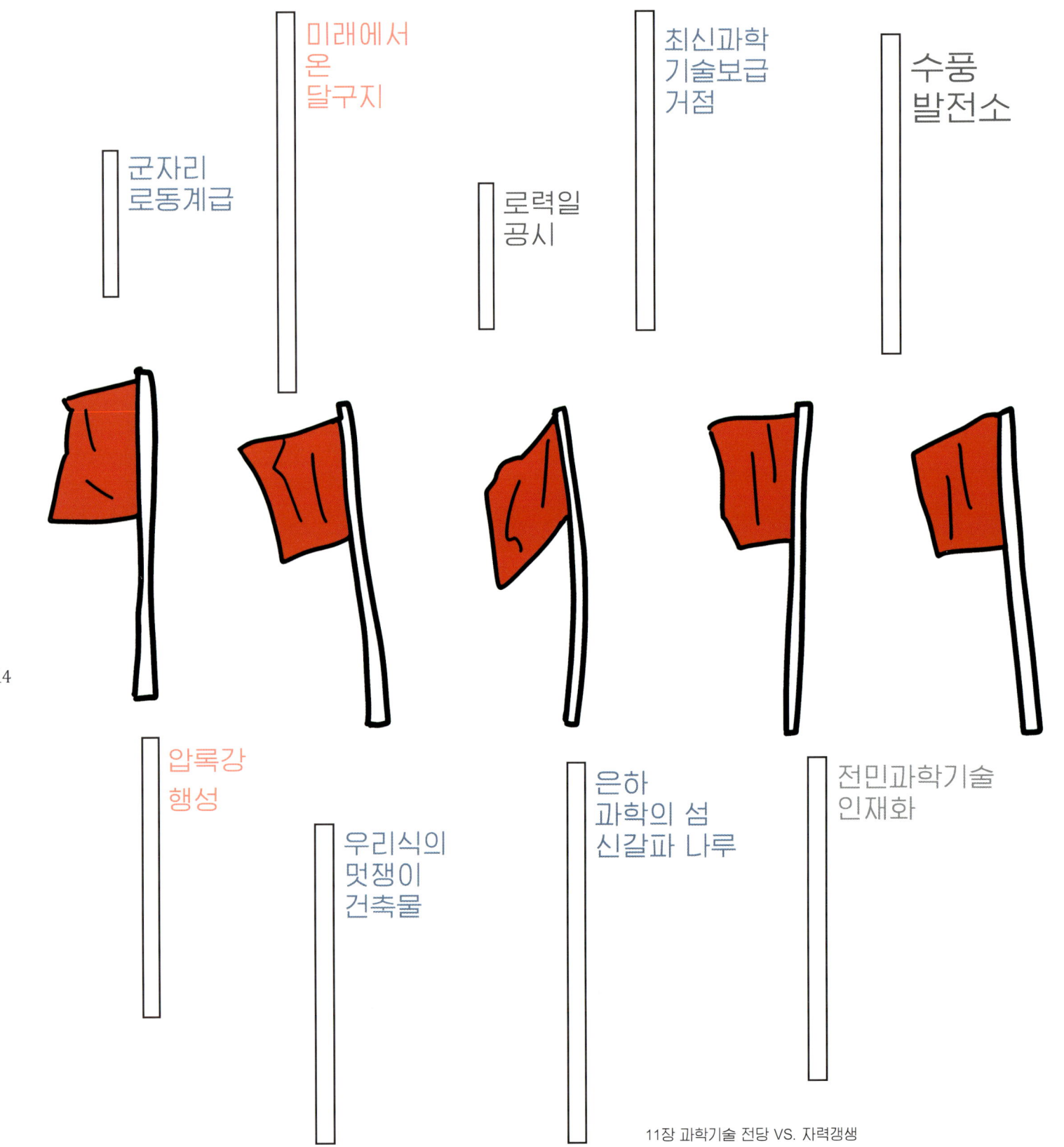

자급자족

과학기술전당 882.6km

당의 현명한 령도밑에 일떠선 전민학습의 대전당, 최신과학기술보급거점인 과학기술전당만 놓고 보아도 그 내용과 형식에서 새롭고 독창적일 뿐아니라 건축미학적으로나 조형예술적으로 완벽한 우리 식의 멋쟁이건축물이다. 여기에는 과학기술의 위력으로 광명한 미래를 앞당겨오려는 우리 인민의 드팀없는 의지와 아름답고 고상한 것을 지향하는 정서적 미감이 그대로 반영되여있다. 하나를 창조하고 건설하여도 이처럼 우리 인민의 사상감정과 미감에 맞게 하여야 우리 식으로 될수 있다. (노동신문 2020년 6월 5일)

"쑥섬에 우리 당의 과학중시, 인재중시정책이 응축되고 날로 발전하는 우리의 건축예술의 극치, 상징으로 되는 과학기술전당이 건설됨으로써 이곳이 과학의 섬으로 전변됐다. 10년이 아니라 1년이면 강산이 변한다는 말이 새로운 시대어로 태어나고 있다"며 과학기술전당을 바라보니 우리 조국은 아침과 저녁이 다르고 오늘과 내일이 다르게 비상히 놀라운 속도로 전변되고 있다. (조선중앙통신 2015년 10월 28일)

미래에서 온 달구지

11장 과학기술전당 VS. 자력갱생

로력일 공시

11장 과학기술전당 VS. 자력갱생

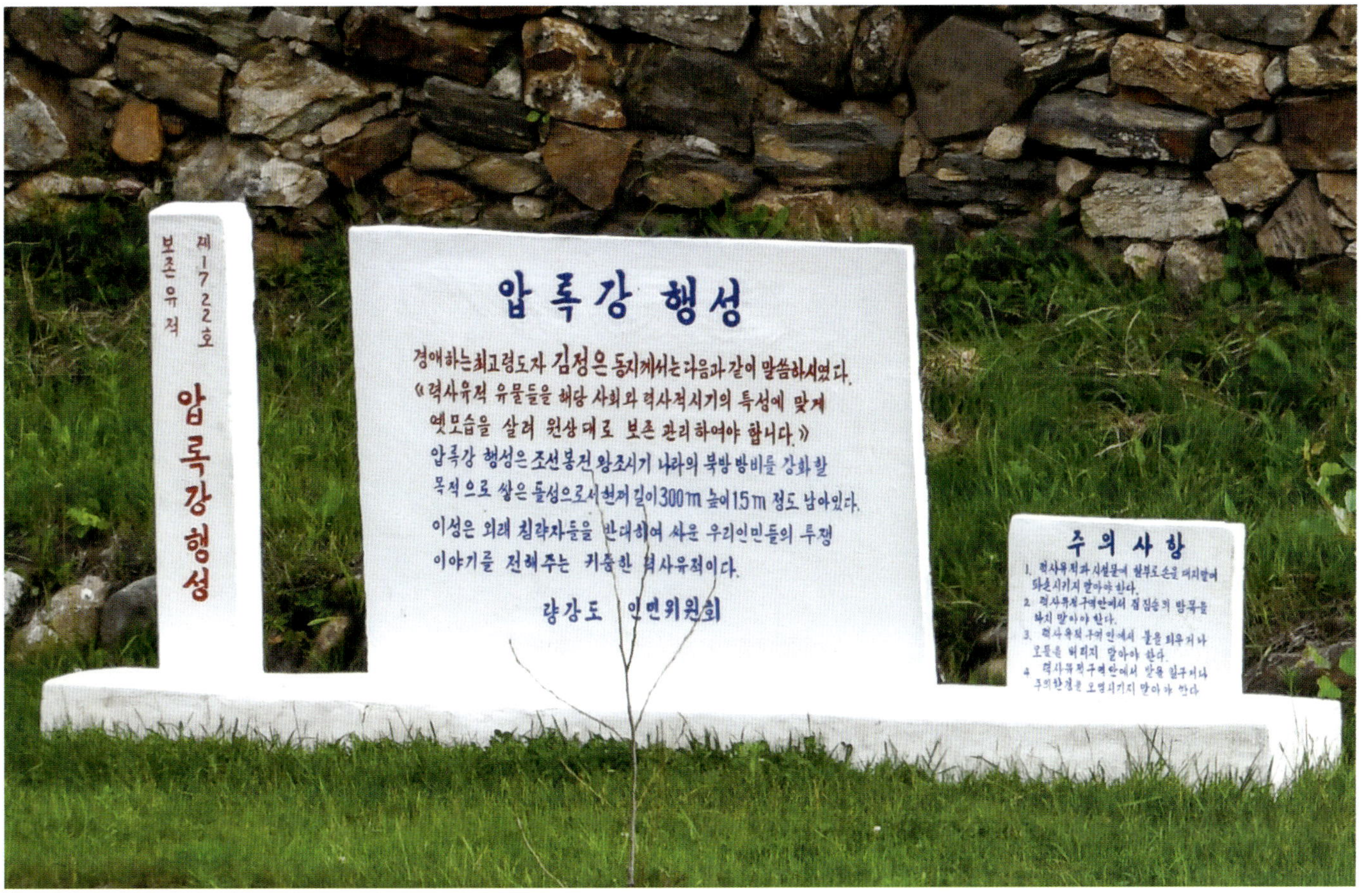
보존유적 제1722호
압록강행성
압록강 행성
경애하는 최고령도자 김정은 동지께서는 다음과 같이 말씀하시였다.
«력사유적 유물들을 해당 사회와 력사적시기의 특성에 맞게 옛모습을 살려 원상대로 보존관리하여야 합니다.»
압록강 행성은 조선봉건왕조시기 나라의 북방방비를 강화할 목적으로 쌓은 돌성으로서 현재 길이 300m 높이 1.5m 정도 남아있다.
이성은 외래 침략자들을 반대하여 싸운 우리인민들의 투쟁 이야기를 전해주는 귀중한 력사유적이다.
량강도 인민위원회
주의사항

주의사항
1. 력사유적과 시설물에 함부로 손을 대지말며 파손시키지 말아야 한다.
2. 력사유적구역안에서 집짐승의 방목을 하지 말아야 한다.
3. 력사유적구역안에서 불을 피우거나 오물을 버리지 말아야 한다.
4. 력사유적구역안에서 밭을 일구거나 주위환경을 오염시키지 말아야 한다.

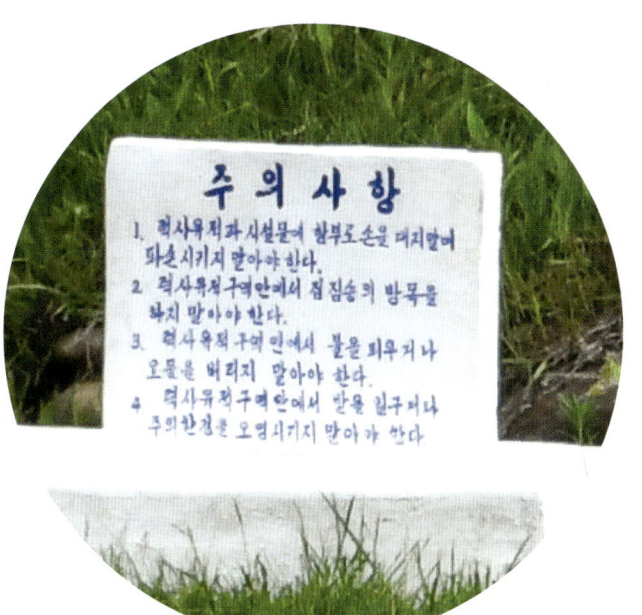

압록강행성

우리식의 멋쟁이 건축물 우리식의 멋쟁이 건축물 우리식의 멋쟁이 건축물 우리식의 멋쟁이 건축물

11장 과학기술전당 VS. 자력갱생

은하

최신과학기술보급거점

경애하는 최고사령관 김정은동지를 위하여 한목숨바쳐 싸우자!

건축예술의 극치

자력갱생

11장 과학기술전당 VS. 자력갱생

과학의 섬

11장 과학기술전당 VS. 자력갱생

전민과학기술인재화

만대에 빛나라

수풍발전소

11장 과학기술전당 VS. 자력갱생

신갈파 나루여 길이 전하라

유유히 흐르는 압록강 푸른 물도
잊지 못할 그날 이 강산에 젖든
영광의 혁명사적 노래하는가

일제통치의 검은 구름 드리웠든
천구백삼십칠년 투쟁의 나날
위대한 수령님의 가르치심 받드시고
여기 신갈파 나루를 넘나드시며
불멸의 자욱 남기신
항일의 녀성영웅 김정숙동지

눈보라 만리길에 그처럼 그리웁든
조국땅에 건너오신 감격을 안으시고
김일성장군님의 조국광복의 높으신 뜻
인민들의 가슴마다 지성 담아
장군님을 받드는 인민들의 품으시고
유격대원호물자 건네여가시던
김정숙동지의 거룩하신 영상이여

신음하는 동포들의 원한 씻어줄
조국땅에 건너오신 그날을 위하여
멸적의 정찰자료를 가슴에 품으시고
김정숙동지의 새봄을 앞당기시던
어버이수령님의 현명한 령도와
위대한 령도자 김정일동지의 손길아래
이 강산에 락원으로 꽃피였나니

아 필승의 신념 간직하시고
조국광복의 새봄을 앞당기시던
김정숙동지의 새봄을 빛나
위대한 태양의 해발이 되시여
조국땅우에 혁명의 붉은 꽃 활짝 피워주신
김정숙동지의 불멸의 혁명업적 길이 전하며
인민의 가슴속에 영원히 설레여라

력사에 길이 빛날 신갈파 나루여

주체 륙십삼 (천구백칠십사) 년 시월 십일

11장 과학기술전당 VS. 자력갱생

정부미(政府米)

12

조국해방 전쟁승리기념관

VS

소년빨치산의 노래

조국해방전쟁승리기념관은 인민군 군인들과 근로자들, 청년학생들을
위대한 수령님의 주체사상과 반제혁명사상, 탁월한 영군술과 군사전략전술 및 전법으로
무장시키는 훌륭한 교양거점이다.

영웅적 인민군 전사
소년빨치산의노래
영웅적인 위상 위대한 장군님의 전사
명령 027호 탁월한 영군술
영원히 한길로
목숨으로 사수하자

12장 조국해방전쟁승리기념관 VS. 소년빨치산의 노래

소년빨치산의 노래

조국해방전쟁승리기념관 882.6km

대를 이어 승리와 영광만을 떨쳐온 우리 인민과 인민군 장병들의 영웅적인 위상을 온 세상에 과시하며 위대한 연대의 상징으로 홀연히 솟아 빛나는 조국해방전쟁기념관.

오늘 우리 천만군민은 자주의 기치를 높이 드시고 혁명전쟁들과 반제대결전을 승리로 이끌어 오신 백두산절세위인들의 불멸의 업적을 가슴뜨게 되새기고 있습니다.(조선기록영화 <전승의 력사 영원하리>중에서)

세상에는 나라도 많고 군대도 많지만 우리 인민군대처럼 수령의 군대, 당의 군대라는 고귀한 칭호로 불리우는 군대는 없다. 우리 병사들에게 있어서 위대한 장군님은 최고사령관이시기 전에 친어버이이시고 자애로운 스승이시며 자기의 운명을 끝까지 보살펴주는 삶의 은인이시였다. 순간을 살아도 위대한 장군님의 전사로 살고 죽어도 그이의 품에서 영생하려는 장병들의 불같은 일념은 우리 인민군대가 오직 자기 수령, 자기 당밖에 모르는 혁명군대로 위용 떨칠수 있게 한 원동력이였다.

(노동신문, 2020년 8월 25일)

12장 조국해방전쟁승리기념관 VS. 소년빨치산의 노래

소년빨치산의 노래
소년빨치산의 노래
소년빨치산의 노래
소년빨치산의 노래
소년빨치산의 노래
소년빨치산의 노래
소년빨치산의 노래
소년빨치산의 노래
소년 빨치산의 노래
소년빨치산의 노래
소년빨치산의 노래

소년빨치산의 노래

"나어린 심장에 붉~~은 피는 끓어, 나섰다 싸움의 길로 고향을 위하여"
"나어린 가슴에 증오의 불은 일어, 나섰다 복수의 길로 동무를 위하여"
"나어린 어깨에 복수의 총을 메고, 나섰다 승리의 길로 조국을 위하여"

12장 조국해방전쟁승리기념관 VS. 소년빨치산의 노래

영웅적 인민군 전사

영웅적인 위상

12장 조국해방전쟁승리기념관 VS. 소년빨치산의 노래

351

12장 조국해방전쟁승리기념관 VS. 소년빨치산의 노래

목숨으로 사수하자

총탄 한발에 원쑤 한놈씩 잡는
백발백중의 명사수가 되자

12장 조국해방전쟁승리기념관 VS. 소년빨치산의 노래

초고속 5G가 여는 세상

탁월한 영군술

12장 조국해방전쟁승리기념관 VS. 소년빨치산의 노래

위대한 장군님의 전사

한생의 귀중한 처녀시절에
대포와 인연 맺고
진지에 우리 산다네

녀성해안포병의노래

영원히 한길로

10년

12장 조국해방전쟁승리기념관 VS. 소년빨치산의 노래

361

국경검열관

12장 조국해방전쟁승리기념관 VS. 소년빨치산의 노래

수령의 군대, 당의 군대

12장 조국해방전쟁승리기념관 VS. 소년빨치산의 노래

풍요 속 빈곤

13

평양대극장

VS

극장국가

삼지연관현악단 극장은
세계적 수준의 관현악 생울림 극장

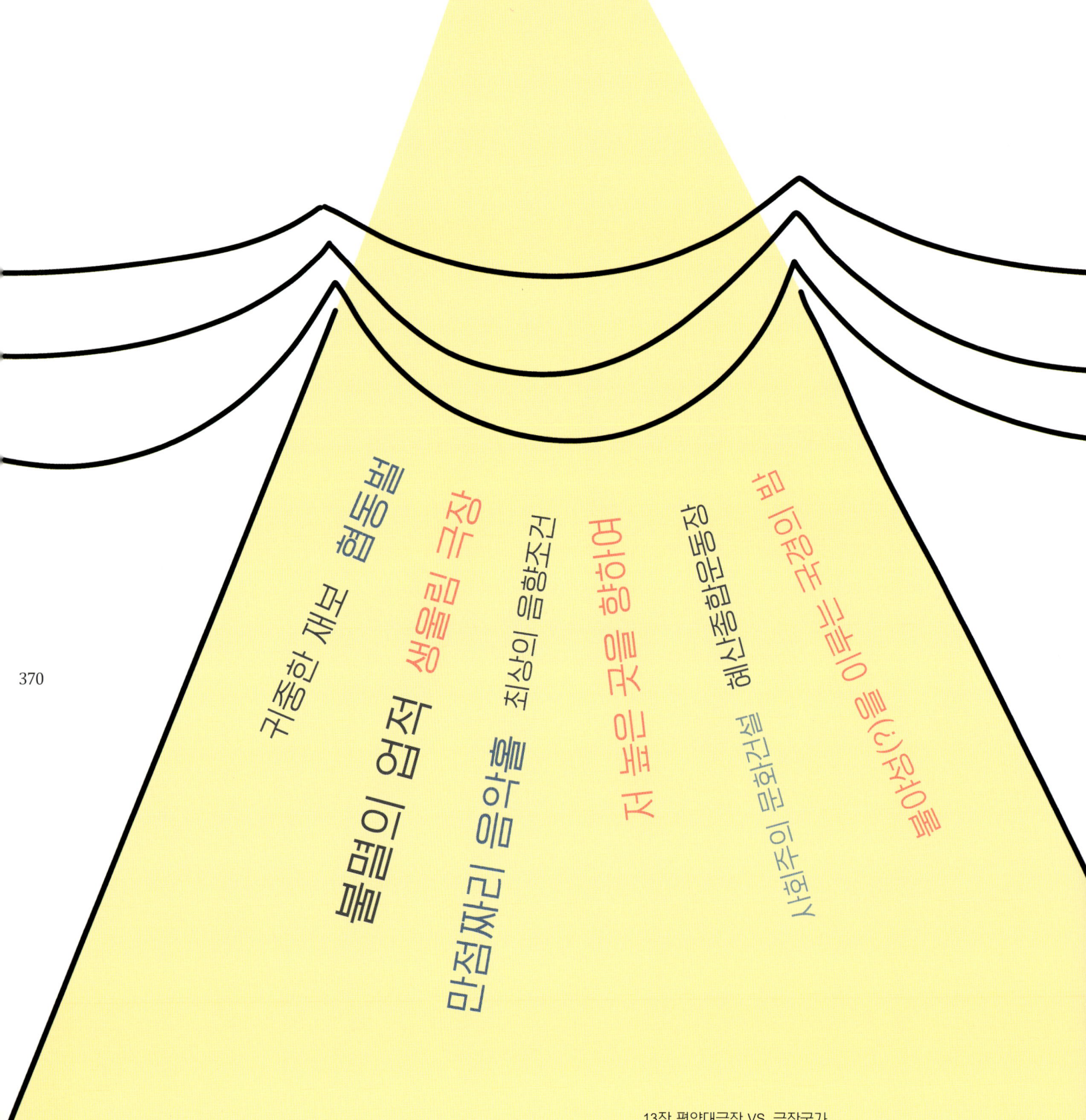

극장국가

평양대극장 882.6km

수도의 한복판에 멋스러운 건물이 또 하나 들어앉아 풍치를 돋군다. 기념비적 창조물을 일떠세우고 보니 장군님 생각이 간절하다. 인민들에게 최상의 음향조건을 갖춘 예술극장을 안겨주시기 위해 늘 마음 쓰시던 장군님의 소원을 풀어드리게 됐다. 만점짜리 음악홀이다.(김정은)

평양대극장이 새겨온 역사의 갈피 마다에는 혁명과 건설을 승리와 영광의 한 길로 이끄신 절세위인들의 불멸의 업적과 가극 혁명의 장엄한 뇌성이 역력히 깃들어 있다. 사회주의 문화 건설에 적극 이바지해 온 평양대극장은 앞으로도 절세위인들의 불멸의 업적을 길이 전하며 우리 조국의 귀중한 재보로 빛을 뿌릴 것이다. (노동신문 2020.8.13.)

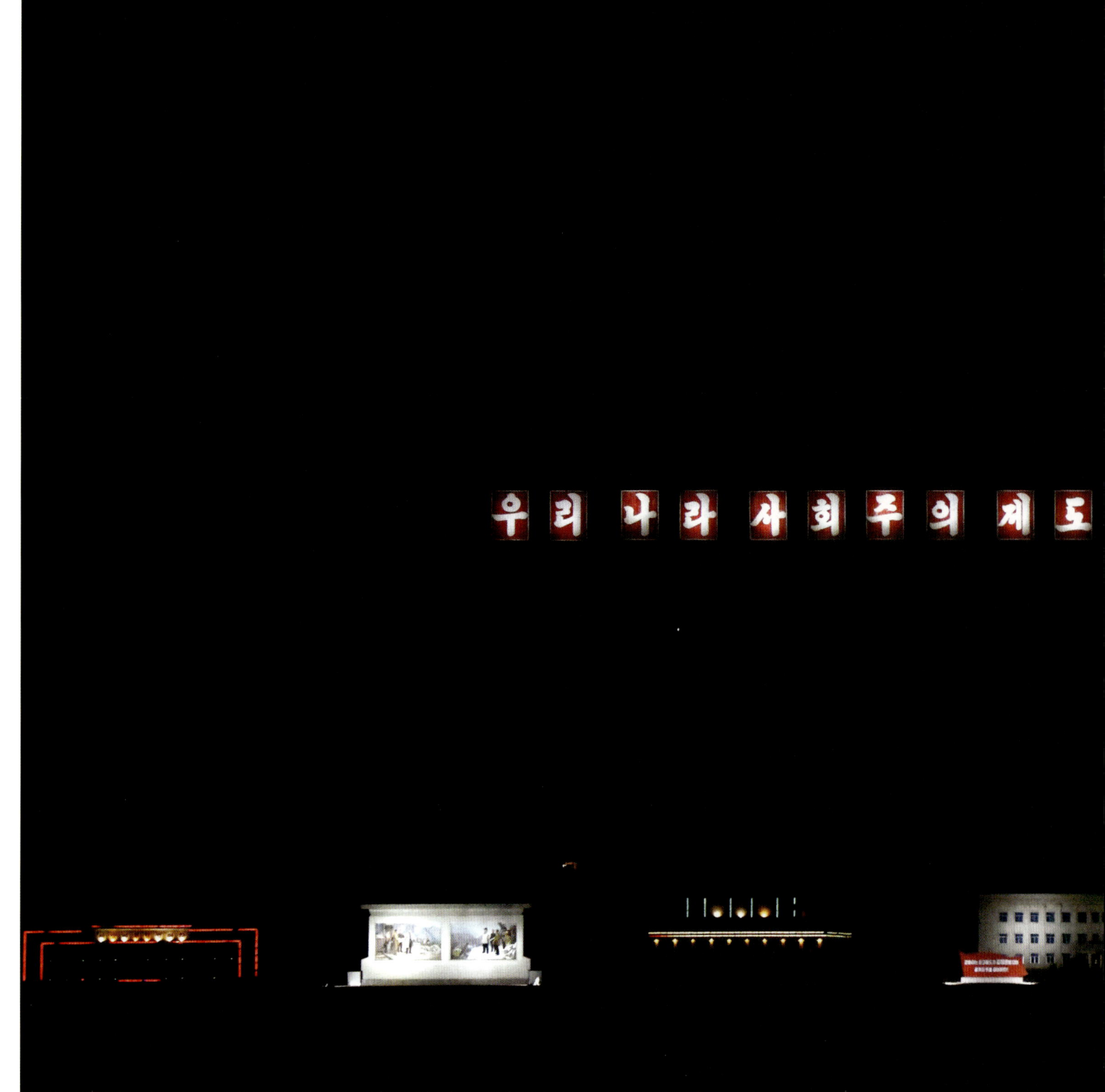

13장 평양대극장 VS. 극장국가

불야성(?)을 이루는 국경의 밤

북한을 바라보는 두 개의 시선이 존재한다. 예를 들어, 여기 한 장의 사진이 있다. 언뜻 보면 화려한 네온사인이 건물마다 가득 드리워진 모습으로 보인다. <우리나라 사회주의제도 만세!>라는 선전구호에도 환하게 불을 밝혔다. 어떤 이는 이 사진을 보며 북한의 전기사정이 그리 열악한 수준은 아니라며 불야성을 이룬 밤풍경을 자랑삼아 말하기도 한다.

그런데 여기 또 다른 한 장의 사진이 있다. 바로 똑같은 지역을 낮에 촬영한 모습이다. 밤에 보였던 풍경과는 사뭇 다르다. 무엇보다 밤에 불을 휘영찬란히 밝혔던 곳은 바로 노동당 청사를 비롯한 공공건물과 선전화를 그린 대형그림판이다. 주민들이 사는 집(살림집)은 암흑천지로 불빛 하나 보이지 않는다. 북중국경의 밤은 불야성이 아니라 북한 주민들의 아우성으로 채워지는 듯하다. 한 사람만을 위해 모든 것이 존재하는 거대한 극장국가...

13장 평양대극장 VS. 극장국가

사회주의 (사) 아래에 15톤 덤프트럭이 작은 점처럼 보인다.
선전판이 얼마나 큰 지를 대략 가늠할 수 있다.

낮과 밤, 허상과 실상

Same place, different time
같은장소 다른시간

13장 평양대극장 VS. 극장국가

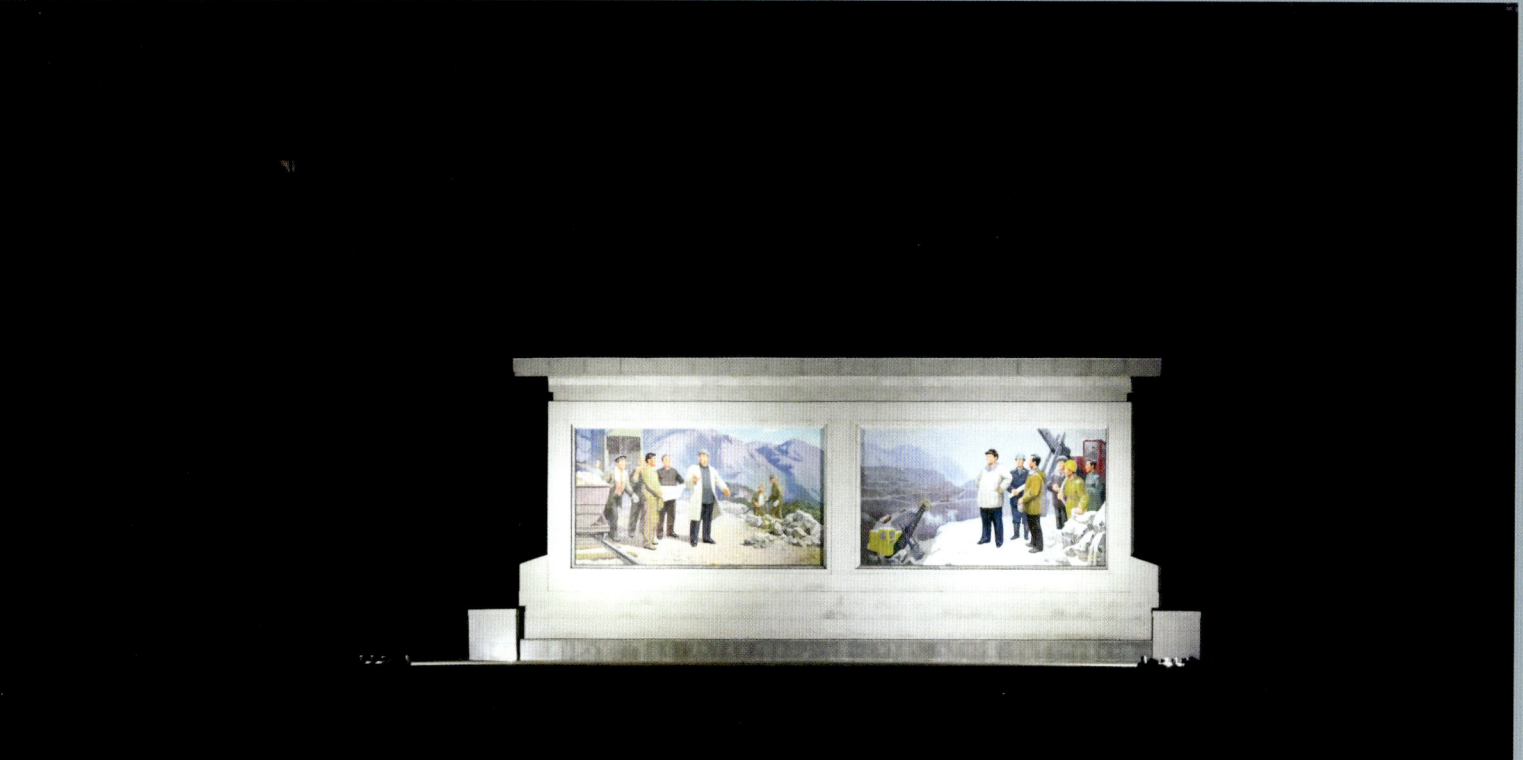

377

Same place, different time
같은장소 다른시간

13장 평양대극장 VS. 극장국가

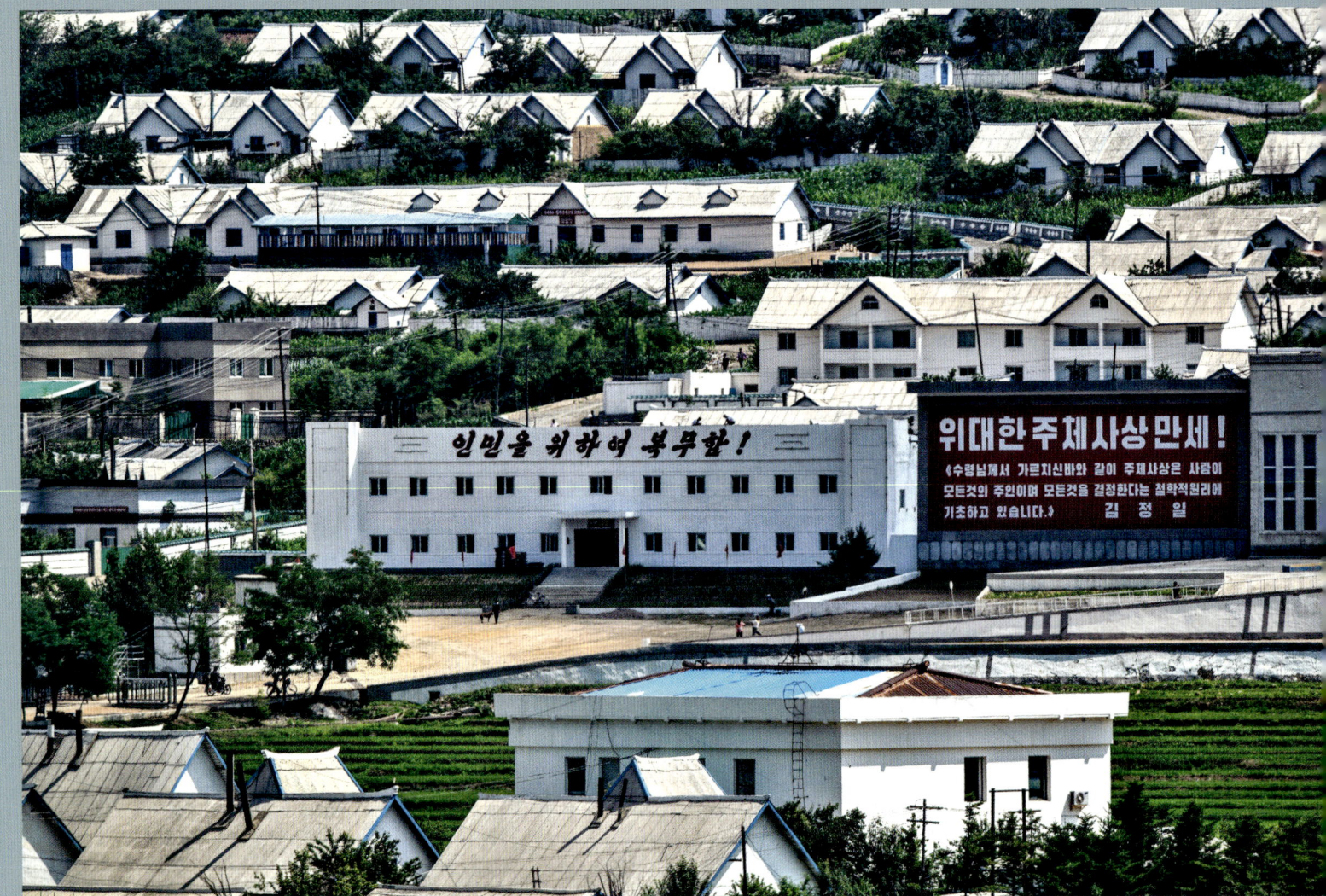

Same place, different time
같은장소 다른시간

13장 평양대극장 VS. 극장국가

382

Same place, different time
같은 장소 다른 시간

13장 평양대극장 VS. 극장국가

383

13장 평양대극장 vs. 극장국가

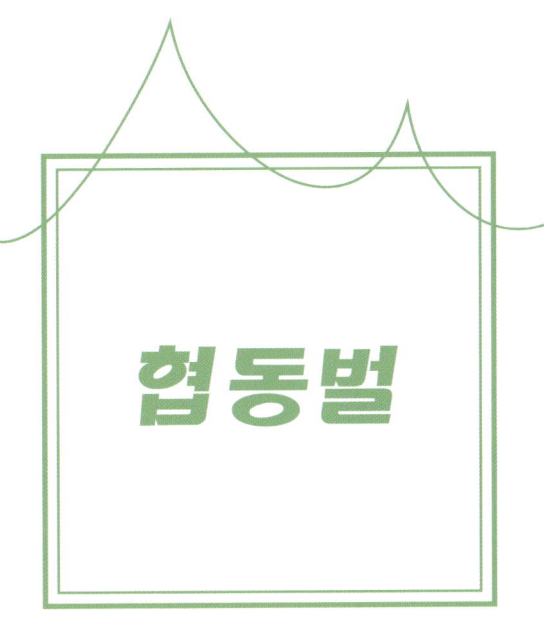

협동벌

장군님 생각

13장 평양대극장 VS. 극장국가

불멸의 업적

13장 평양대극장 VS. 극장국가

귀중한 재보

13장 평양대극장 VS. 극장국가

생울림 극장: 커튼콜

13장 평양대극장 VS. 극장국가

향하여

높은 곳을

저

헌화

13장 평양대극장 VS. 극장국가

혜산종합운동장

13장 평양대극장 VS. 극장국가

조선은 결심하면 한다?

13장 평양대극장 VS. 극장국가

399

만점짜리 음악홀

13장 평양대극장 VS. 극장국가

어둔밤 마음에 잠겨

Same place, different season
같은 장소 다른 계절

13장 평양대극장 VS. 극장국가

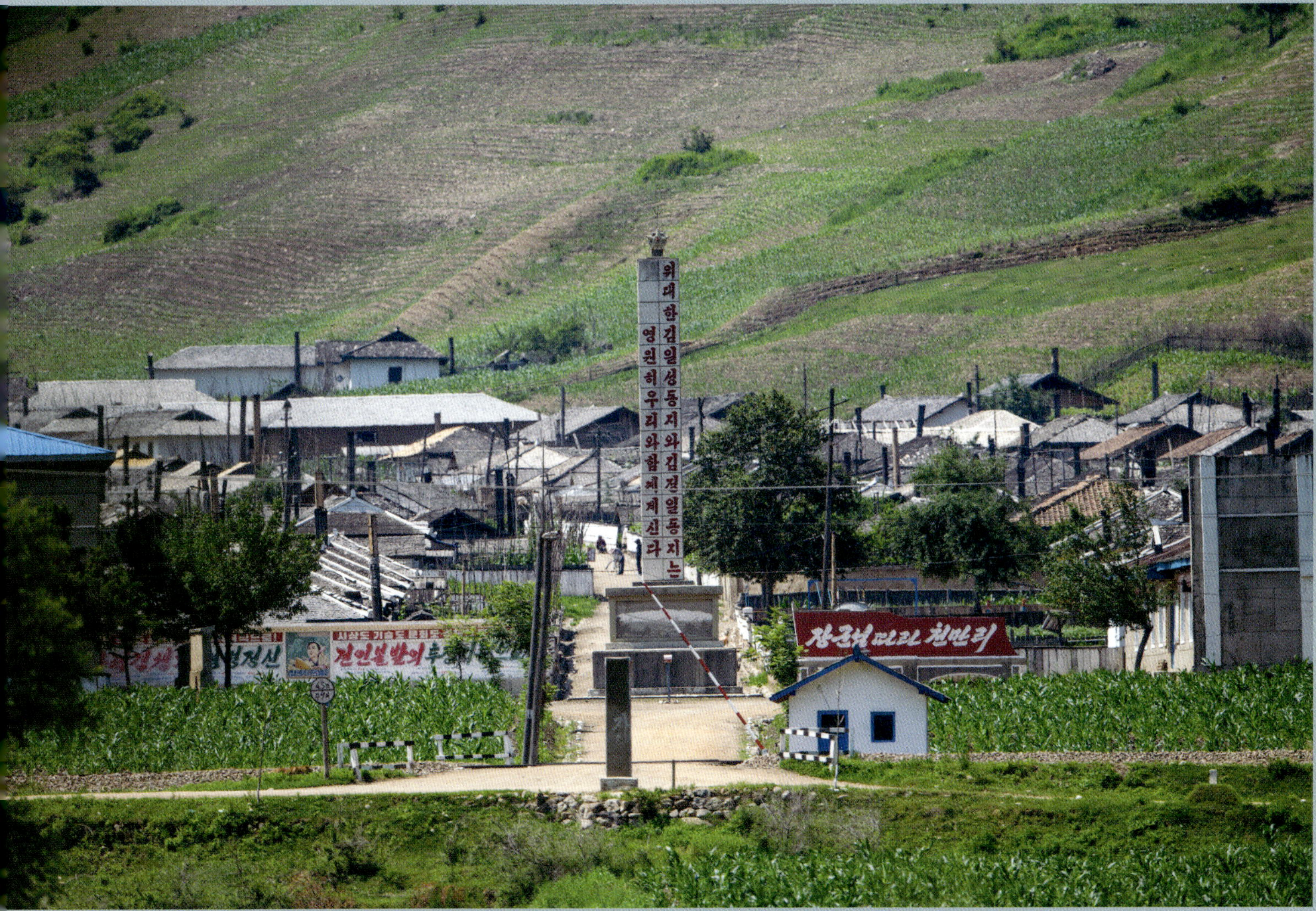
위대한김일성동지와김정일동지는
영원히우리와함께계신다
장군님 따라 천만리
사상도 기술도 문화도
견인불발의

Same place, different season
같은 장소 다른 계절

13장 평양대극장 VS. 극장국가

사회주의 문화건설

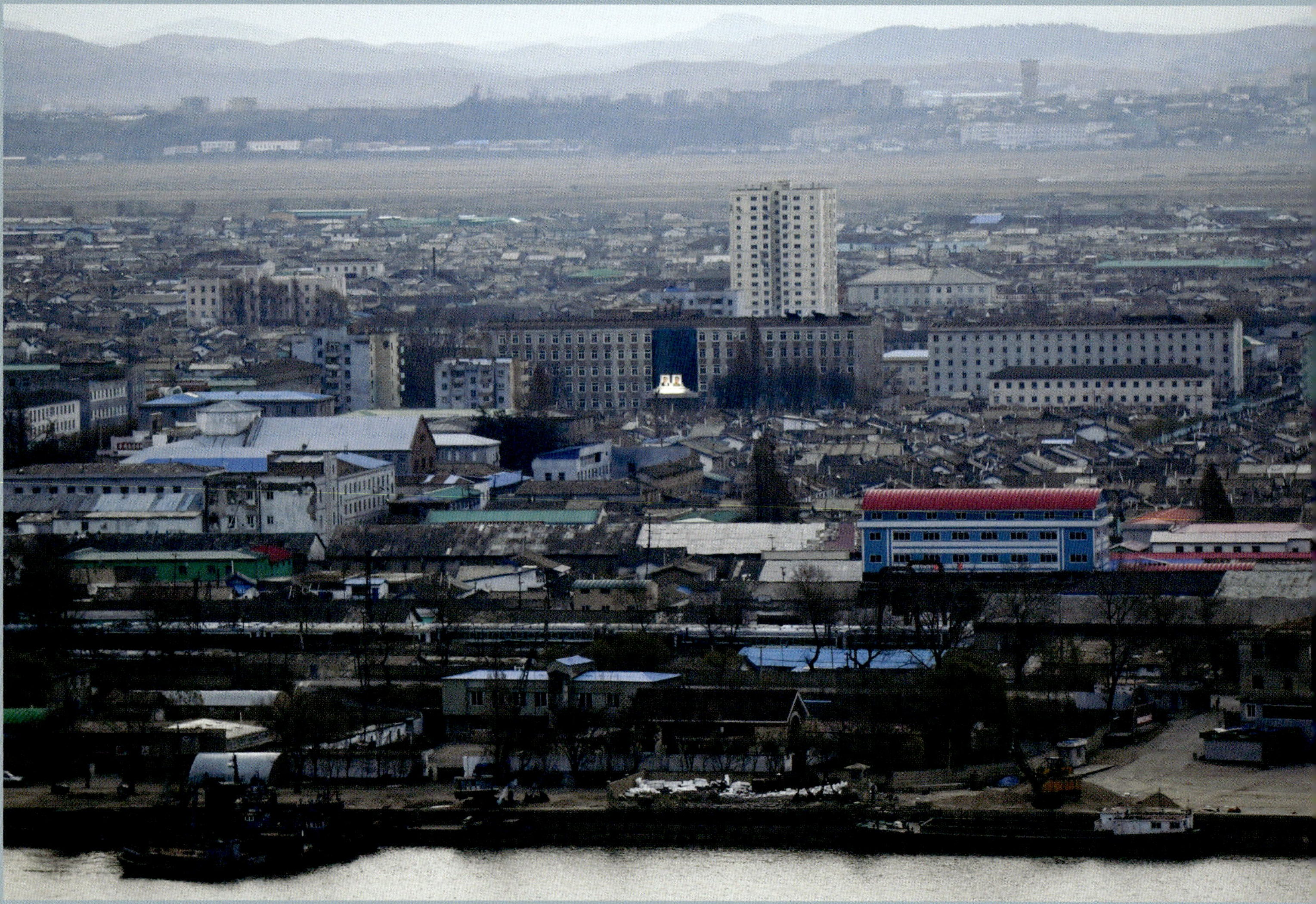

Same place, different season
같은장소 다른계절

13장 평양대극장 VS. 극장국가

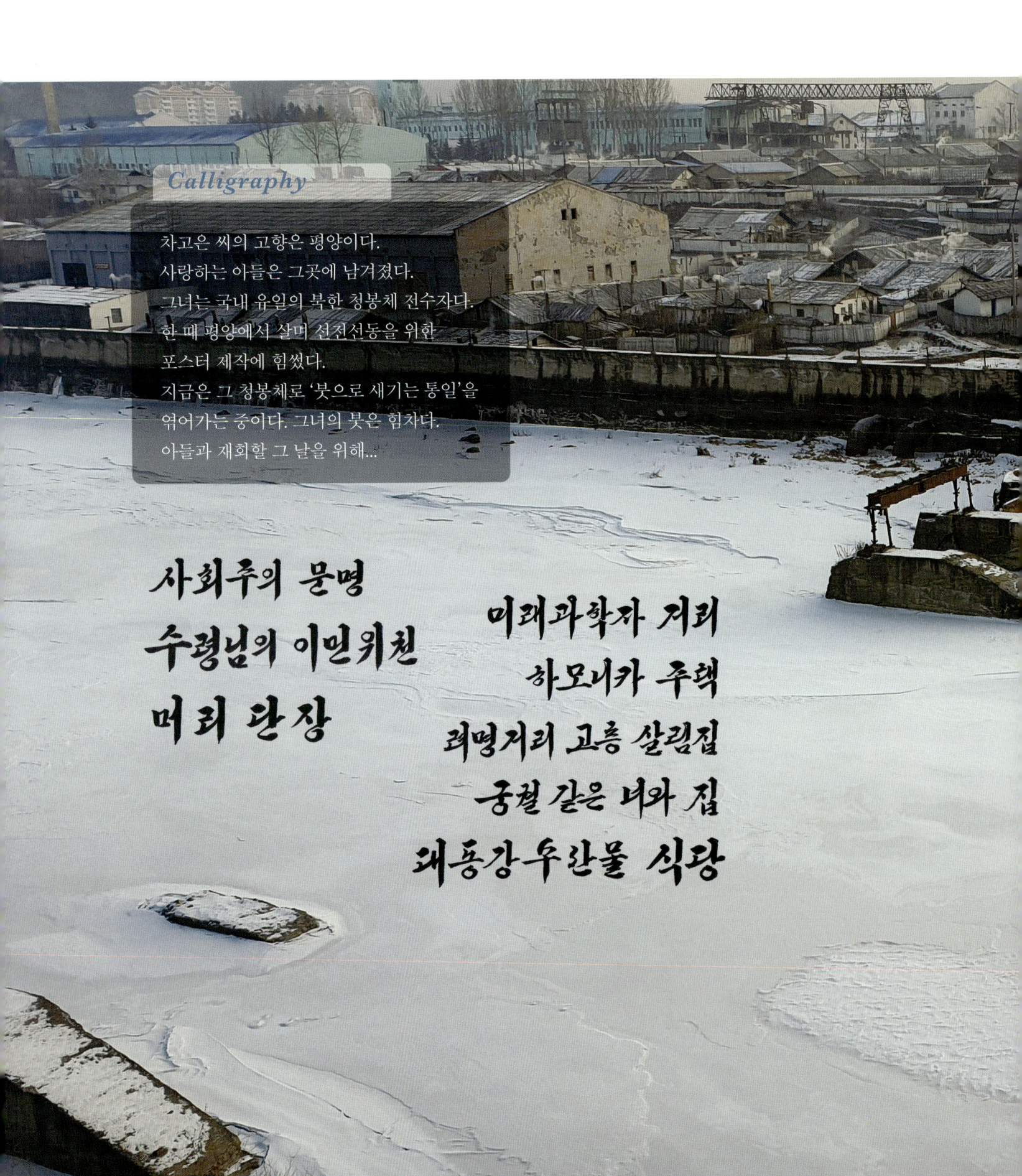

Calligraphy

차고은 씨의 고향은 평양이다.
사랑하는 아들은 그곳에 남겨졌다.
그녀는 국내 유일의 북한 청봉체 전수자다.
한 때 평양에서 살며 선전선동을 위한
포스터 제작에 힘썼다.
지금은 그 청봉체로 '붓으로 새기는 통일'을
엮어가는 중이다. 그녀의 붓은 힘차다.
아들과 재회할 그 날을 위해...

사회주의 문명
수령님의 이민위친
머리 단장

미래과학자 거리
하모니카 주택
려명거리 고층 살림집
궁궐 같은 너와 집
대동강우찬물 식당

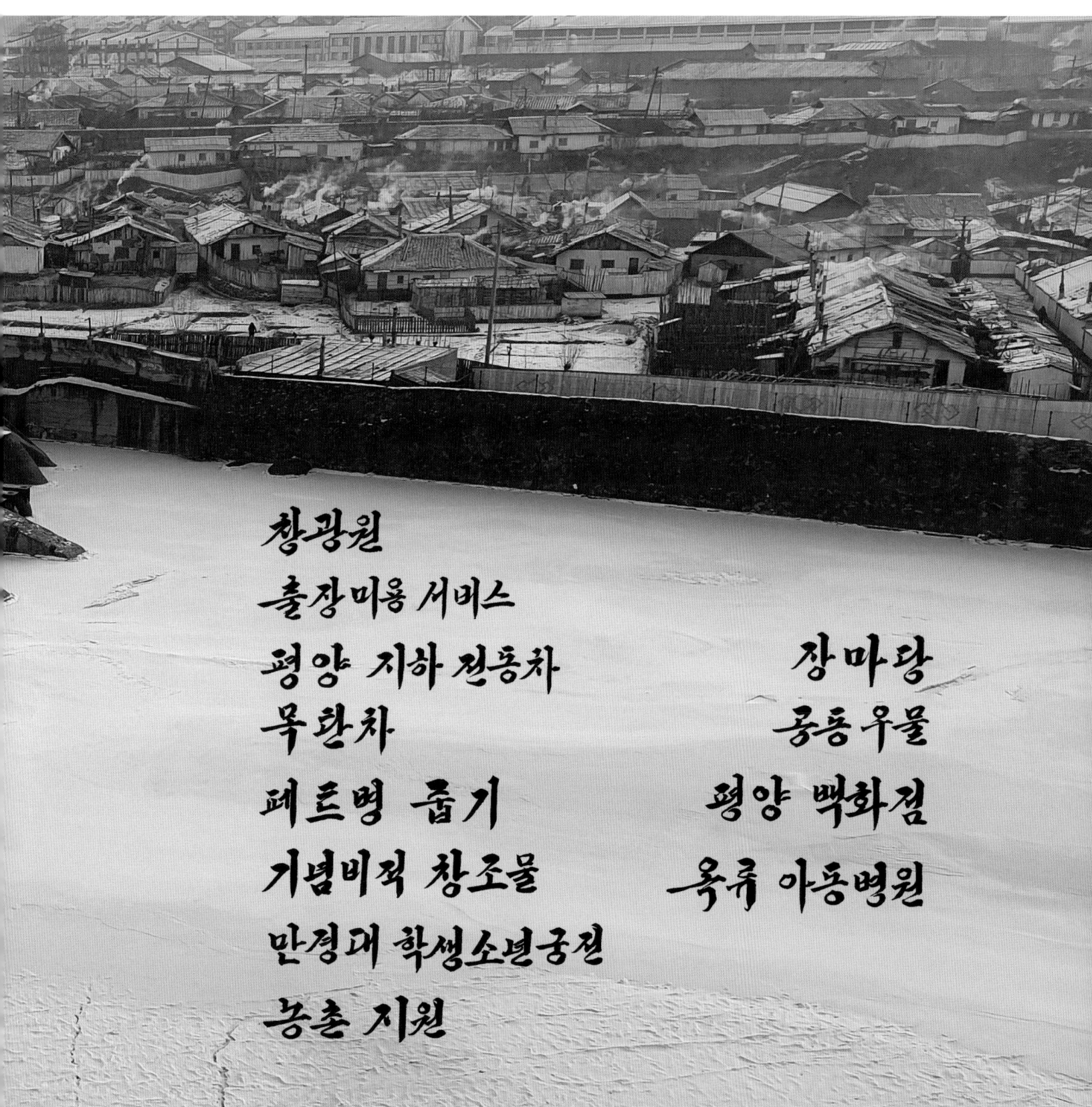

창광원
출장미용 서비스
평양 지하 전동차
목탄차
페트병 줍기
기념비적 창조물
만경대 학생소년궁전
농촌 지원

장마당
공동 우물
평양 백화점
옥류 아동병원

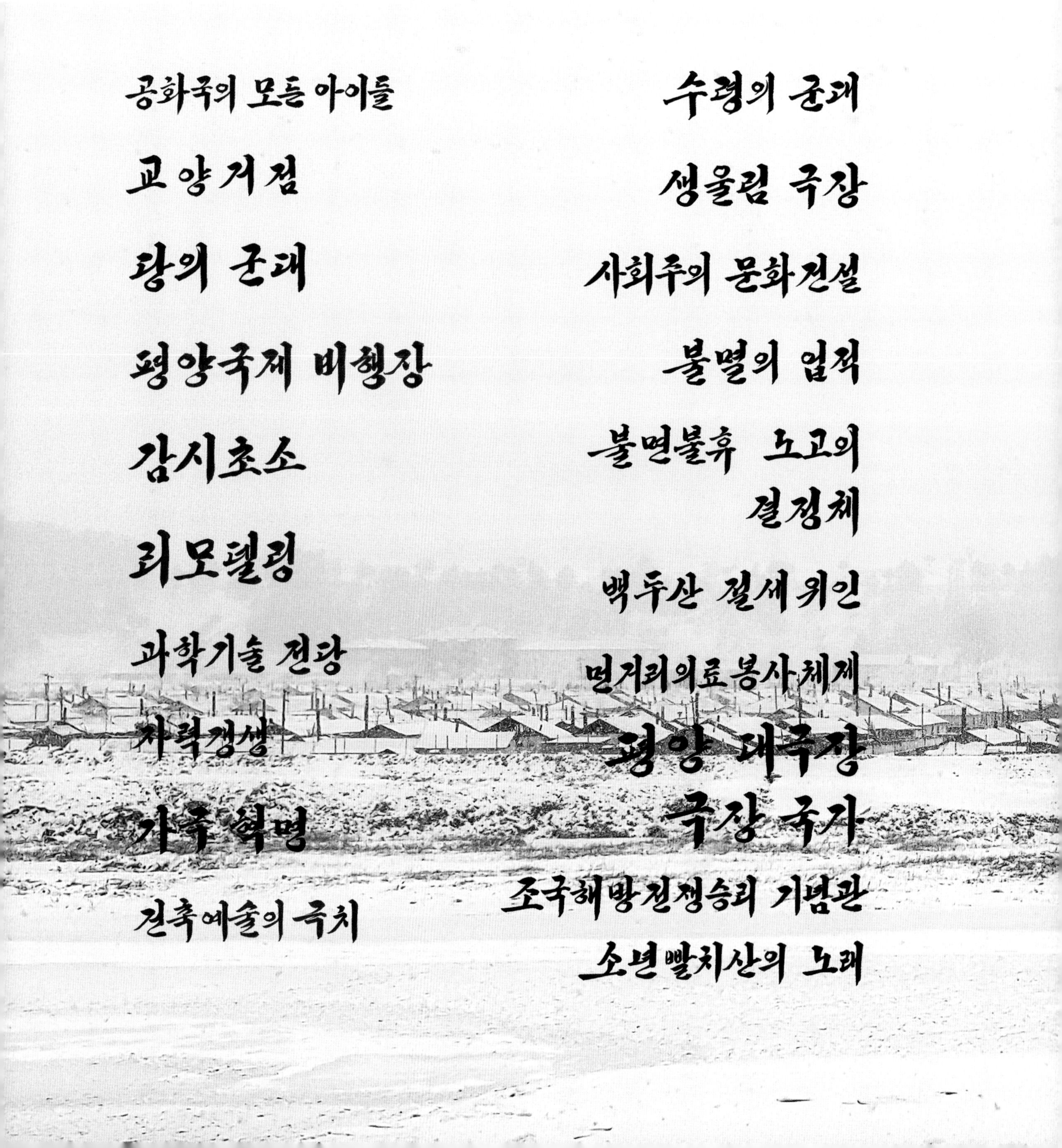

공화국의 모든 아이들

교양거점

당의 군대

평양국제비행장

감시초소

리모델링

과학기술전당

자력갱생

가국혁명

건축예술의 극치

수령의 군대

샘울림 극장

사회주의 문화건설

불멸의 업적

불면불휴 노고의 결정체

백두산 절세위인

먼거리의료봉사체계

평양 대극장

극장 국가

조국해방전쟁승리 기념관

소년빨치산의 노래

우리식의 멋쟁이 건축물	철갑 상어회
열렬한 애국의지	혁명군대
숭고한 충정	행복둥이
주택도 일심단결	주체적 역량
전민과학기술 인재화	탁월한 영군술
장군님 생각	칠색송어 남새합성
자애로운 스승	최후승리의 함성
자력갱생	최신과학기술보급거점
주체적 건축미학사상	최고사령관
의료 봉사기지	인민의 사상감정
인민사랑	위대한 장군님의 전사

나가며

    2주일 만에 다시 북중 국경을 달렸다. 이번 여정은 고향이 북쪽인 두 분과 동행한 아주 특별한 시간이었다. 두 명중 한 명은 압록강, 다른 한 명은 두만강 지역이 고향이었다. 그녀들은 1차 탈북 후 중국 공안에 잡혀 북송되었다. 배신자로 낙인찍혀 모진 세월을 고통으로 보내야만 했다. 그리고 다시 탈북해 자유의 몸이 되었다. 대한민국 국민이 된 지 19년 만에 고향 땅 언저리에 섰다.

    북중국경에서 바라본 고향 땅은 너무도 가까웠다. 한 발짝만 내디디면 "처녀 시절 꽃 시절 웃음도 많던" 바로 그때의 고향 땅이건만, 함께 뛰어놀던 고향 친구들이 한걸음에 달려올 것 같은 어머니 품이건만, 더 이상 걸음을 뗄 수 없었다. 분명 거기까지였다.

    고향 땅을 바라보면서도 애써 울음을 참으며 덤덤하던 그녀였다. 하지만 자신이 북송되던 그 교화소로 가는 길을 보고 나서는 끝내 흐르는 눈물을 감추지 못했다.

    다른 한 명은 그나마 멀리서 바라보는 고향 땅조차 허락되지 않았다. 두만강 지역은 중국 국경수비대의 감시와 경계가 삼엄하다. 한국 여권을 소지한 사람은 접근이 안 되기에, 겨우 두만강 언저리에서 고향의 모습을 더듬었다. 그녀는 물이 흐르는 방향이 어느 쪽인지 알고 싶다 했다. 지금 보이는 강물이 고향 땅으로 향해 가는지, 아니면 고향 땅을 지나 반대로 흘러왔는지 궁금했을 게다.

    한줄기 물, 나무 한 그루, 강변의 돌멩이 하나조차도 그녀들에게는 고향이었다. 두고 온 고향, 갈 수 없는 고향, 그리고 꿈에서라도 꼭 가고픈 고향 땅이었다. 그렇게 고향 땅에서 불어오는 바람의 냄새조차 달랐다. 아스라이 보이는 경계 너머의 사람들, 그리운 어머니….

    분단의 고통은 끝나야만 한다. 우리가 함께 이 길을 달릴 수밖에 없는 단 하나의 이유다.

희망이란
마치 땅 위의 길과 같은 것이다.
본래 땅 위에 길이 없었다.
걸어가는 사람이 많아지면
그것이 길이 되는 것이다.
〈루쉰〉

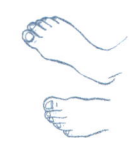

통일의 길…

SINCE 2015

너나들이는 서로 너 나하며 허물없이 지내는 사이를 일컫는 순우리말입니다.
도서출판 너나드리는 남북한 사람들이 서로 그런사이가 되기를 바라는 희망을 안고
통일 북한 전문 출판을 통해 하나의 길을 만들어갑니다.

* 이 도서의 수익금 전액은 통일을 위한 후속 연구 및 출판에 사용됩니다.